Introdução ao Enquadramento da Tributação de Criptoativos em Sede de IRS

Introdução ao Enquadramento da Tributação de Criptoativos em Sede de IRS

Pré- & Pós Orçamento do Estado para 2023

2023

Diogo Pereira Coelho

ALMEDINA

INTRODUÇÃO AO ENQUADRAMENTO DA TRIBUTAÇÃO DE CRIPTOATIVOS EM SEDE DE IRS
PRÉ- & PÓS ORÇAMENTO DO ESTADO PARA 2023

AUTOR
Diogo Pereira Coelho

EDITOR
EDIÇÕES ALMEDINA, S.A.
Avenida Emídio Navarro, 81, 3D
3000-151 Coimbra
Tel.: 239 851 904 · Fax: 239 851 901
www.almedina.net · editora@almedina.net

DESIGN DE CAPA
EDIÇÕES ALMEDINA, S.A.

PRÉ-IMPRESSÃO
EDIÇÕES ALMEDINA, S.A.

IMPRESSÃO E ACABAMENTO

DPS - DIGITAL PRINTING SERVICES, LDA
Agosto, 2023

ISBN
978-989-40-1358-7

DEPÓSITO LEGAL
519342/23

ALMEDINA | GRUPOALMEDINA

«The hardest thing in the world to understand is the income tax.»

– by Albert Einstein

NOTA PRÉVIA[1]

A presente monografia teve origem na investigação realizada durante o período de outubro de 2022

[1] Diogo Pereira Coelho exerce Advocacia em prática individual, concretamente nas áreas de IT, TMT & Direito Digital (FinTech, DeFi, Web3, Blockchain, Criptoativos, NFTs, DAOs, Tokenização, CBDC, Metaverso, Inteligência Artificial, Robótica, etc.), Direito Fiscal (TaxTech, FinTax, RNH, etc.), Direito Penal (Cybercrime, FinCrime, Recuperação internacional de ativos, etc.), e Direito Contraordenacional, Regulação & Compliance (RegTech, AML, etc.). Antes destas experiências profissionais, exerceu funções de Business Implementation Manager desempenhadas no BNP Paribas (2017-2018), de Docente do Curso Profissional de Técnico de Serviços Jurídicos (2018-2022) pelo Instituto para o Desenvolvimento Social e de Advogado na Carlos Pinto de Abreu e Associados – Sociedade de Advogados, SP, RL (2018-2022). Relativamente à sua experiência académica, é licenciado em Direito e Mestre em Direito da Empresa pela Faculdade de Direito da Universidade de Lisboa. Possui estudos de pós-graduação em Direito das Sociedades, *Corporate Governance, Corporate Finance, Corporate Finance Digital, E-Commerce,* Criptoativos, Inteligência Artificial, Direito Fiscal, Direito Penal, Direito Contraordenacional, Regulação & *Compliance*, respetivamente organizados pela Faculdade de Direito da Universidade de Lisboa (CIDP, IDPCC e IDEFF) e pela Faculdade de Direito da Universidade de Coimbra (IDPEE). Possui ainda o Certificado de

a abril de 2023, após a publicação da proposta de orçamento do estado para 2023, bem como a subsequente alteração e aprovação. Adicionalmente, teve ainda como base a investigação realizada ao longo dos últimos anos no âmbito de dois estudos de formação académica. Em concreto, o estudo realizado no âmbito do Mestrado em Direito e Prática Jurídica, na Especialidade de Direito da Empresa, com o tema de dissertação «Responsabilidade Civil dos Administradores Não-Executivos & Blockchain»[2], organizado pela Faculdade de Direito da Universidade de Lisboa (FDUL) e concluído em março de 2021, e, paralelamente, o estudo realizado no âmbito do VI Curso de Pós-Graduação em Corporate Finance, com o tema «Direito das Finanças Societárias – Dos Criptoativos enquanto Instrumentos Financeiros

Competências Pedagógicas (CPP) e o certificado de E-Formador, ambos emitidos pelo Instituto do Emprego e Formação Profissional, I. P. Destaque ainda para a atividade associativa, enquanto associado da ANJAP (Associação Nacional dos Jovens Advogados Portugueses) e da APF (Associação Profissional de Formadores), membro da ECBA (European Criminal Bar Association), da EFCL (European Fraud and Compliance Lawyers), da IBCA (International Blockchain Association), da European AI Alliance e do Legals Advisory Panel da Fair Trials, associado efetivo do Forum Penal (Associação dos Advogados Penalistas), Fellow da DEA (Digital Euro Association) e da ECOTA (European Carbon Offset Tokenization Association), e Ambassador da BIG (Blockchain Industry Group).

[2] Pereira Coelho, Diogo, *Responsabilidade civil dos administradores não-executivos e blockchain*, Dissertação de Mestrado, FDUL, 2021, acessível em: https://repositorio.ul.pt/handle/10451/48056.

Digitais»[3], organizado pelo Centro de Investigação de Direito Privado (CIDP) da Faculdade de Direito da Universidade de Lisboa (FDUL) e igualmente concluído em março de 2021.

No corpo do texto remetem-se diversos desenvolvimentos para nota de rodapé, tendo em vista facilitar e auxiliar a leitura deste texto. As monografias citam-se pelo(s) autor(es), título(s), local de publicação, editora, ano e página(s). Nas referências posteriores, é indicado o(s) autor(es), título(s) abreviado(s) e página(s), omitindo-se as restantes indicações anteriormente referidas.

Os artigos citam-se pelo(s) autor(es), título(s), publicação periódica ou obra (ou site, blog ou outra qualquer página de internet, sempre que seja esse o caso) na qual se integram e página(s), excepto quando se trate de um artigo sem numeração de páginas, publicado, por exemplo, numa página de internet. Nas referências posteriores, é indicado os autor(es), título(s) abreviado(s) e página(s), omitindo-se as restantes indicações anteriormente referidas.

As disposições legais são acompanhadas da respetiva fonte. As decisões judiciais portuguesas ou estrangeiras citam-se pelo tribunal, juiz relator, número de processo, data e local de publicação e

[3] PEREIRA COELHO, DIOGO, *Direito das Finanças Societárias – Dos Criptoativos enquanto Instrumentos Financeiros Digitais*, Trabalho de Avaliação Final, VI Curso de Pós-Graduação em Corporate Finance, CIDP, FDUL, 2021, disponível para consulta no SSRN desde 2022 via: https://papers.ssrn.com/sol3/papers.cfm?abstract_id=4083339.

são igualmente acompanhadas pela respetiva fonte. Nas referências posteriores, é indicado apenas o tribunal, juiz relator e a data.

Esta monografia está, até esta data, atualizada com referência à legislação em vigor e à bibliografia e jurisprudência consultadas até abril de 2023, sem prejuízo de pontuais atualizações legislativas posteriores, inclusive associadas à aprovação pelo Parlamento Europeu do Regulamento MiCA (*Markets in Crypto-Assets*) que sucedeu durante o mês de abril de 2023.

O texto terá ainda de ser formalmente aprovado pelo Conselho em maio de 2023, antes da publicação no Jornal Oficial da União Europeia. Em princípio, as novas regras entrarão em vigor 20 dias após a publicação e serão aplicáveis após o período de transição de 12 meses (para *stablecoins*) e de 18 meses (para outros criptoativos). Uma vez que foram previstas algumas medidas de transição, determinadas regras (relativas, por exemplo, ao whitepaper, à comunicação de marketing, etc.) terão de ser tidas em conta logo após a entrada em vigor e ainda durante o período de transição.

Por último, refira-se que são utilizados diversos termos em latim e inglês, que não serão alvo de tradução para português.

SIGLAS E ABREVIATURAS

Al(s). – Alínea(s)
Apps – *Applications*
Art(s). – Artigos
BTC – *Bitcoin*
CARF – *Crypto-Asset Reporting Framework*
CC – Código Civil
CDO – *Collateralized Debt Obligation*
Cf. – Conforme
CIRS – Código do Imposto sobre o Rendimento de Pessoas Singulares
CIVA – Código do Imposto sobre o Valor Acrescentado
CMVM – Comissão do Mercado de Valores Mobiliários
CPPT – Código de Procedimento e Processo Tributário
CRP – Constituição da República Portuguesa
CVM – Código de Valores Mobiliários
DAC – *Directive on Administrative Cooperation*
DAO – *Decentralized Autonomous Organization*
Dapps – *Decentralized applications*
DeFi – *Decentralized Finance*
DL – Decreto-Lei

DLT – *Distributed Ledger Techbology*
DSO – *Digital Security Offering*
DTO – *Debt Token Offering*
ECON – *Committee on Economic and Monetary Affairs*
ETO – *Equity Token Offering*
ETH – *Ether (Ethereum)*
EUR – Euro
FIFO – *First in first out rule*
F-NFT – *Fractional Non-Fungible Token*
IRS – Imposto sobre o Rendimento de Pessoas Singulares
ICO – *Initial Coin Offering*
IDO – *Initial DEX Offering*
IEO – *Initial Exchange Offering*
IFO – *Initial Farm Offering*
ILO – *Initial Liquidity Offering*
IMO – *Initial Metaverse Offering*
INO – *Inicial NFT Offering*
LGT – Lei Geral Tributária
MiCA – *Markets in Crypto-Assets*
NFT – *Non-Fungible Token*
N.º(s) – Número(s)
OEDC – *Organisation for Economic Co-operation and Development*
OE – Orçamento do Estado
P(p). – Página(s)
Q&A – *Questions & Answers*
REIT – *Real Estate Investment Funds*
Ss. – Seguintes
STO – *Security Token Offering*

TGE – *Token Generation Event*
UE – União Europeia
VAT – *Value Added Tax*
Web 3.0 – *World Wide Web 3.0*

ÍNDICE GERAL

PREFÁCIO

Todos estamos a testemunhar uma revolução e rápida evolução no ecossistema dos criptoativos. A internet, a criptografia avançada e as DLT (*Distributed Ledger Technologies*) estão na essência dos criptoativos que, aliás, foram originalmente desenvolvidos para democratizar os pagamentos após a crise financeira global de 2008. A conjugação do seu rápido desenvolvimento e do espaço não regulamentado que ocupam permitiu que uma miríade de criptoativos e *stablecoins* inundassem verdadeiramente o mercado digital. Os criptoativos foram também projetados para atuar na desintermediação dos serviços financeiros e novos tipos de entidades, como DEXes, carteiras, aplicativos de DeFi (*decentralised finance*) e *marketplaces* digitais, surgiram no mercado. A avaliação total dos criptoativos atingiu um pico de quase USD$ 3 trilhões em novembro de 2021, antes de cair para menos de USD$ 1 trilhão em julho de 2022, o que bem demonstra a volatilidade do mercado. De qualquer perspetiva, os criptoativos são hoje uma força a ser considerada e o seu desenvolvimento futuro merece uma especial atenção. Os criptoativos são, portanto, uma forma relativamente nova de ativo digital e sobre a qual não existe ainda uma classificação ou tokenomics consistente o suficiente para fornecer clareza sobre como esses ativos serão legal–, regulatoria– e fiscalmente tratados. Este livro introdutório é oportuno, essencialmente por três razões:

i. Em breve, estaremos perante uma nova era de tributação de criptoativos ao nível internacional e os participantes do mercado devem estar cientes sobre os impostos que afetarão esta classe específica de ativos. As administrações fiscais em todo o mundo pretendem esclarecer o tratamento tributário de criptoativos, tanto para impostos sobre o rendimento, como impostos sobre a fortuna e impostos sobre valor acrescentado. Aliado a isso, verifica-se o impacto das iminentes propostas de partilha de informações fiscais transfronteiriças que (como o projeto do CARF liderado pela OCDE), juntamente com a legislação financeira (como, por exemplo, o MiCA), provavelmente irão promover um choque tributário na indústria.

ii. Portugal adotou um novo regime fiscal para criptoativos que irá iniciar em 1 de janeiro de 2023, pelo que esta matéria tem de ser analisada de forma exaustiva. Antes de 2023, Portugal era rotulado como um regime fiscal cripto amigável, não pela existência de um regime fiscal verdadeiramente favorável, mas sim pela falta de regras fiscais específicas em combinação com um conjunto de informações vinculativas favoráveis. Quando comparado com outras jurisidições *on-shore*, o novo regime tributário aparenta ser realmente favorável e ajustado à nova era de regulação e transparência em mercado de criptoativos.

iii. Os mercados dos criptoativos têm ainda um longo caminho a percorrer em direção à respeitabilidade que outras classes de ativos detêm. Nesse sentido, a análise destes ativos deve incidir sobre todas as áreas associadas, inclusive sobre os impostos, essencialmente com vista a promover algum grau de previsibilidade no tratamento de matérias relacionadas com um ecossistema em rápida evolução. Além disso, os criptoativos são um alvo atraente para agentes mal-intencionados, ataques maliciosos, fraudes, fundos roubados e até mesmo *ransomware*. A alfabetização dos usuários em termos de questões técnicas e *blockchain*, também contribui para uma melhor compreensão dos riscos, vulnerabilidades e obrigações substantivas dos operadores.

O impacto dos criptoativos nos sistemas fiscais tornou-se quase impossível de ignorar, mesmo em Portugal. É necessário entender as escolhas das políticas fiscais e se estas se traduzem na realidade. Estes ativos apresentam especificidades e desafios que, eventualmente, podem vir a exigir a segregação da tributação de criptoativos de outras classes de ativos tradicionais. Elementos como tokenização e criptoativos unícos e fungíveis fracionados de ativos reais, o fator pseudo-anónimo subjacente à tecnologia DLT, o surgimento de novas realidades descentralizadas, como mineração, *staking* ou *hard forks* e os desafios de avaliação e volatilidade do mercado, são fatores importantes a considerar no enquadramento tributário. Um livro introdutório sobre o enquadramento tributário de criptoativos em sede de IRS em Portugal, escrito por um entendido em cripto é, por isso, um instrumento bastante oportuno e valioso. De facto, o tratamento tributário anterior a 2023 continua a ser relevante para entender o tratamento atual das operações relacionadas com criptoativos e delimitar a linha divisória entre rendimento passivo e rendimento empresarial. Alguns dos pontos críticos abordados pelo novo regime tributário aplicável a partir de 1 de janeiro de 2023, são abordados na primeira parte do livro, o qual fornece uma valiosa perspetiva histórica. A segunda parte do livro expõe o tratamento tributário pós-2023. Em cada capítulo são mencionados pontos críticos, como definições, categorização, qualificação e tratamento tributário. O livro desenvolve todos os novos elementos do regime tributário português como, por exemplo, a isenção em permutas de cripto-por-cripto, a isenção de mais-valias após um 1 ano de detenção, o regime tributário específico de atividades de mineração e o enquadramento dos NFTs e F-NFTs. O último capítulo, que discute o tratamento tributário de rendimentos passivos decorrentes de operações relacionadas com criptoativos é, também, muito útil, pois combina as explicações técnicas e os tratamentos tributários sugeridos. Creio que a palavra «sugeridos», neste caso, deve ser enfatizada porque, em última análise, este livro é, em si mesmo, uma introdução sobre um regime fiscal com menos de um ano de vigência e sobre o qual não foi ainda emitida qualquer orientação ou circular por parte das autoridades fiscais portuguesas. Provavelmente, evoluirá com o tempo, à medida que esta indústria, também ela, amadurece. A melhor preparação para a realização de um bom trabalho amanhã, é fazer um bom trabalho hoje. Quando o Diogo Pereira Coelho me convidou para escrever este prefácio, fiquei bastante entusiasmado, pois nesta área o sucesso não vem por acaso e requer muito trabalho, perseverança, aprendizagem, estudo e acima de tudo, paixão. O Diogo está a demonstrar que a paixão requer muito trabalho. Esta primeira edição é, provavelmente, a primeira de muitas edições nesta nova e empolgante área, onde os impostos se entrelaçam com novas tecnologias.

Evolução significa olhar para a frente.

TIAGO CASSIANO NEVES
Managing Partner da KORE PARTNERS

Introdução

A criação e a receção de tecnologias disruptivas[4] têm provocado questões jurídicas perti-

[4] A expressão «disruptiva» é relativamente recente neste sector e, por outras palavras, significa provocar uma ruptura com os padrões, modelos ou tecnologias já estabelecidos no mercado, descrevendo uma inovação tecnológica, produto, ou serviço, com as ditas características «disruptivas», porque diversas, revolucionárias, inovadoras ou nunca antes naquele específico contexto pensadas ou aplicadas. Vide Dufloth, Rodrigo, «Novas tecnologias e o futuro do profissional do Direito», in *Mgalhas,* 2017, acessível em: https://pt.linkedin.com/pulse/novas-tecnologias-e-o-futuro-do-profissional-direito-rodrigo-dufloth. A este propósito, refira-se que o mais conhecido meio de medir o progresso do poder de processamento dos computadores, é a *Lei de Moore.* Gordon E. Moore previu que o número de transístores dos chips teria um aumento de 100%, pelo mesmo custo, a cada período de 18 meses. Não obstante, a tecnologia da informação está a exceder o que a própria *Lei de Moore* previu. Ao contrário do *hardware* que, a título de exemplo, viu a capacidade de memória do computador e a quantidade de informação digital que pode ser transmitida por cabos de fibra ótica conhecer aumentos significativos, o *software* vê a eficácia de alguns algoritmos

nentes[5], uma vez que, quando as relações entre os sujeitos se modificam, a ciência jurídica deve acompanhar tal mudança, inclusive a ciência jurídico-fiscal. Aliás, a estagnação da ciência jurídico-fiscal pode implicar graves consequências para a segurança do comércio jurídico e, eventualmente, gerar irreparáveis disfunções e distorções no sistema económico-financeiro. Ao longo dos últimos anos, da criação e receção da tecnologia *blockchain*[6], bem como das operações

crescerem num rácio que excede todas as previsões. Vide Ford, Martin, *Robôs – a ameaça de um futuro sem emprego (Rise of the Robots)*, tradução de José Vale Roberto & João Quina Edições, Bertrand Editora, 1.ª Edição, 2016, p. 93.

[5] Vide McKinlay, John, Pithouse, Duncan, McGonagle, John & Sanders, Jessica, «Blockchain: background, challenges and legal issues», in *DLA Piper Publications*, 2018, acessível em: https://www.dlapiper.com/pt/portugal/insights/publications/2017/06/blockchain-background-challenges-legal-issues/.

[6] A definição desta tecnologia continua a ser de notável dificuldade, dada a sua natureza complexa e transversal, composta por diversos elementos individuais e conectados, o que constitui em si um enorme obstáculo na explicação e, consequentemente, na sua regulação. Não obstante. Não obstante, é possível definir a *blockchain* como um tipo de rede descentralizada de registo, tratamento e armazenamento eletrónico de dados (*distributed ledger technology* – DLT), que permite a distribuição de informações digitais representativas de valor ou direitos, sem os copiar (isto é, sem *backup*) e de uma forma permanente, transparente, instantânea e à prova de adulteração. Vide Mendes Correia, Francisco, «A tecnologia descentralizada de registo de dados (blockchain) no sector financeiro», in Menezes Cordeiro, António, Perestrelo de Oliveira, Ana, & Pereira Duarte, Diogo, *FinTech – Desafios da Tecnologia Financeira*, CIDP,

relacionadas com criptoativos[7], têm resultado

Almedina, 1.ª Edição, 2018, p. 70; & Schrepel, Thibault, «Collusion by blockchain and smart contracts», in *Harvard Journal of Law and Technology (33 Harv. J.L. & Tech. 117)*, 2019, p. 119, acessível em: https://papers.ssrn.com/sol3/papers.cfm?abstract_id=3315182. Destaque ainda para as quatro definições previstas no art. 2.º do Regulamento (UE) 2022/858 do Parlamento Europeu e do Conselho de 30 de maio de 2022 relativo a um regime-piloto para as infraestruturas de mercado baseadas na tecnologia de registo distribuído e que altera os Regulamentos (UE) n.o 600/2014 e (UE) n.º 909/2014 e a Diretiva 2014/65/EU, acessível em: https://eur-lex.europa.eu/eli/reg/2022/858/oj, que ora transcrevo: (i) «'Tecnologia de registo distribuído' ou 'DLT' (do inglês, *distributed ledger technology*), uma tecnologia que permite o funcionamento e a utilização de registos distribuídos»; (ii) «'Registo distribuído', um repositório de informações que mantém registos das transações e é partilhado através de um conjunto de nós da rede DLT e se encontra sincronizado entre os nós da rede DLT utilizando um mecanismo de consenso»; (iii) «'Mecanismo de consenso', regras e procedimentos através dos quais se chega a acordo, entre os nós da rede DLT, em como uma transação é válida»; & (iv) «'Nó da rede DLT», um dispositivo ou processo que faz parte de uma rede e que detém uma réplica total ou parcial de registos de todas as transações num registo distribuído». Estas definições foram incluídas na versão final do art. 3.º do MiCA. A este propósito, ver a nota 8.

[7] Face à complexidade da matéria, e de forma a evitar qualquer confusão em termos de semântica, concretamente na análise das classificações de criptoativos, refira-se que o conceito amplo de «criptoativo» engloba as nomenclaturas que normalmente lhe são vulgarmente associadas, como *tokens, coins,* criptomoedas, moedas virtuais, etc. Vide a definição apresentada pela proposta de Regulamento MiCA (ver nota 8) no seu art. 3.º, o qual refere e define «criptoativos» (e não «moedas virtuais» ou «criptomoedas») enquanto «(...) uma representação digital de um valor ou de um direito que pode ser transferida e armazenada eletronicamente, recorrendo à

em inúmeras situações jurídicas atípicas e diferenciadas, inclusive camufladas situações jurídicas complexas de cariz financeiro em tudo idênticas aos tradicionais valores mobiliários (e imobiliários). Como seria de esperar, essas situações têm levantado questões jurídicas pertinentes e, muitas delas, até à presente data, ainda sem resposta.

Embora a Comissão Europeia já tenha proposto em setembro de 2020 o Regulamento MiCA e este tenha sido aprovado pelo Parlamento Europeu em abril de 2023[8], atualmente,

tecnologia de registo distribuído ou a uma tecnologia semelhante». A este propósito, vide Garcia Rolo, António, «As Criptomoedas como Meio de Financiamento e a Qualificação dos Tokens», in Menezes Cordeiro, António, Perestrelo de Oliveira, Ana, & Pereira Duarte, Diogo, *Fintech II – Novos Estudos sobre Tecnologia Financeira*, CIDP, Almedina, 2019; Garcia Rolo, António, «Criptoativo – conceito, modalidades, regime e distinção de figuras afins», in *CIDP Research Paper Series*, CIDP, N.º 18, Julho 2022, acessível em: https://papers.ssrn.com/sol3/papers.cfm?abstract_id=4123583; & Engrácia Antunes, José, «As Criptomoedas», in *Revista da Ordem dos Advogados (ROA)*, Lisboa, A. 81, Jan./Jun. 2021, acessível em: https://portal.oa.pt/media/133308/jose-engracia-antunes.pdf.

[8] Comissão Europeia, Proposta de Regulamento do Parlamento Europeu e do Conselho relativo aos mercados de criptoativos e que altera a Diretiva (UE) 2019/1937, 24.09.20, acessível em: https://eur-lex.europa.eu/legal-content/EN/TXT/?uri=CELEX%3A52020PC0593. Vide ainda Conselho da União Europeia, Information note, Proposal for a Regulation of the European Parliament and of the Council on Markets in Crypto-assets, and amending Directive (EU) 2019/1937 (MiCA) – Letter to the Chair of the European Parliament Committee on Economic and Monetary

Affairs, Interinstitutional File: 2020/0265 (COD), versão publicada em 05.10.22, já com algumas alterações e após ter sido aprovado pelo Conselho Europeu, acessível em: https://data.consilium.europa.eu/doc/document/ST-13198-2022-INIT/en/pdf. Vide também Comissão dos Assuntos Económicos e Monetários (ECON), Report on the proposal for a regulation of the European Parliament and of the Council on markets in crypto-assets and amending Directive (EU) 2019/1937, 17.03.22, acessível em: https://www.europarl.europa.eu/doceo/document/A-9-2022-0052_EN.html & Comissão dos Assuntos Económicos e Monetários (ECON), Amendments 001-001, Report, Stefan Berger A9-0052/2022, Markets in Crypto-assets (MiCA), Proposal for a regulation, COM (2020)0593 – C9-0306/2020 – 2020/0265(COD), 12.04.22, acessível em: https://www.europarl.europa.eu/doceo/document/A-9-2022-0052-AM-001-001_EN.pdf, dois relatórios com alterações sugeridas pelo Committee on Economic and Monetary Affairs (ECON) que (e apesar de terem sido republicadas recentemente) foram tidas em conta no âmbito da votação final por parte do Parlamento Europeu em abril de 2023. Por último, vide Comissão dos Assuntos Económicos e Monetários (ECON), Alterações 2, Irene Tinagli, Relatório, Stefan Berger A9-0052/2022, Mercados de criptoativos (MiCA), Proposta de regulamento, COM (2020)0593 – C9-0306/2020 – 2020/0265(COD), 12.04.22, acessível em: https://www.europarl.europa.eu/doceo/document/A-9-2022-0052-AM-002-002_PT.pdf, a versão que foi tida em conta no âmbito da votação; e ainda sobre a votação, vide Parlamento Europeu, Markets in cripto-assets (MiCA), Think Thank, European Parliamentary Research Service, 12.04.2023, acessível em: https://www.europarl.europa.eu/thinktank/pt/document/EPRS_ATA(2023)745716. A propósito do novo enquadramento legal, vide Garcia Rolo, António, «A proposta de Regulamento europeu sobre mercados de criptoativos: breve sumário e análise», in *Revista de Direito das Sociedades (RDS)*, Fevereiro 2021, acessível em: http://www.revistadedireito

em pleno ano de 2023, continua a não existir uma legislação comunitária aplicável sobre criptoativos ou sobre as operações de emissão associadas. Além da falta de uma regulamentação comunitária sobre os criptoativos, em Portugal também não existia um enquadramento concreto dos criptoativos até ao ano de 2022, quer em termos legais, quer em termos fiscais.

Contrariamente ao que se esperava[9], a falta de regulamentação específica destes rendimentos

dassociedades.pt/files/RDS%202021-02%20(285-300)%20-%20Breves%20coment%C3%A1rios%20-%20Ant%C3%B3nio%20Garcia%20Rolo%20-%20A%20proposta%20de%20Regulamento%20europeu%20sobre%20mercados%20de%20criptoativos%3A%20breve%20sum%C3%A1rio%20e%20an%C3%A1lise.pdf; Maia, Guilherme, & Vieira dos Santos, João, «MiCA and DeFi ("Proposal for a Regulation on Market in Crypto-assets" and "Decentralised Finance")», in *Revista Electrónica de Direito*, N.º 2 (Vol.28), Junho 2022, acessível em: https://cij.up.pt/client/files/0000000001/4-guilherme-maia_1922.pdf; Vieira dos Santos, João, «Challenges in Imposing Requirements on Offerors of Crypto-assets», in Moura Vicente, Dário, Pereira Duarte, Diogo, & Granadeiro, Catarina, *Fintech Regulation and the Licensing Principle*, European Banking Institute, CIDP, 2023, acessível em: https://ebi-europa.eu/wp-content/uploads/2023/02/eBook-22 Fintech-Regulation-Licensing-Principle-2-2023.pdf; & Vieira dos Santos, João, «Regulação dos criptoativos», in *Caderno do Mercado de Valores Mobiliários*, N.º 64, 2019, acessível em: https://www.cmvm.pt/pt/EstatisticasEstudosEPublicacoes/CadernosDoMercadoDeValoresMobiliarios/Pages/Cadernos-do-mercado-de-valores-mobiliarios.aspx?pg.

[9] Em abril de 2021, eram já previstos eventuais futuros desenvolvimentos legislativos. Vide Pereira Coelho, Diogo, «Uma nova era

manteve-se com a lei do Orçamento do Estado para 2022, bem como a zona cinzenta que levou a imprensa internacional a apelidar Portugal de «paraíso fiscal de criptomoedas»[10]. Ao longo da última década, em plena «corrida do crescimento digital», enquanto o legislador tomava o seu tempo, aumentava o número de situações complexas associadas a operações relacionadas com criptoativos e, com isso, o número de diferentes tipos de estruturas financeiras geradoras de rendimentos. Consequentemente aumentava também o número de situações jurídicas atípicas, diferenciadas e complexas, bem como as respetivas questões.

ou o princípio da derrocada?», in *Jornal Económico*, 2021, acessível em: https://jornaleconomico.pt/noticias/uma-nova-era-ou-o-principio-da-derrocada-751965. Vide ainda a notícia «OE 2022. Tributação de criptoativos não obteve 'luz verde' do Parlamento», publicada pelo Jornal i em 27.05.22 e acessível em: https://ionline.sapo.pt/artigo/772296/oe-2022-tributacao-de-criptoativos-nao-obteve-luz-verde-do-parlamento-?seccao=Portugal_i.

[10] Vide a notícia «How Portugal became Europe's accidental 'bitcoin heaven'», publicada pela Euractiv em 09.05.22 e acessível em: https://www.euractiv.com/section/economy-jobs/news/how-portugal-became-europes-accidental-bitcoin-heaven/; & a notícia «The 'Bitcoin Family' emigrates to Portugal for its 0% tax on cryptocurrencies», publicada pela CNBC em 06.02.22 e acessível em: https://www.cnbc.com/2022/02/06/bitcoin-family-moves-to-portugal-crypto-tax-haven.html.

A recente proposta orçamental do Governo português[11] para 2023 datada de 10.10.2023, incluiu um «novo regime» de tributação de criptoativos no âmbito do imposto sobre o rendimento de pessoas singulares. Devido às inúmeras imprecisões, esta proposta inicial viria a ser alterada pela proposta de alteração apresentada no dia 11.11.22 pelo partido político que detém a maioria no parlamento português[12] e aprovada no dia 23.11.22[13]. O regime fiscal

[11] Vide Governo português, Proposta de Lei n.º 38/XV/1, Orçamento do Estado para 2023, 10.10.22, acessível em: https://app.parlamento.pt/OE2023/corpo.html.

[12] Vide Partido Socialista, Proposta de Lei n.º 38/XV/1.ª, Aprova o Orçamento do Estado para 2023, Proposta de Alteração, 11.11.22, acessível em: https://app.parlamento.pt/webutils/docs/doc.pdf?Path=6148523063484d364c793942556b356c6443397a6158526c63793959566b78465279395052533879 4d44497a4d6a41794d6a45774d544176554545765a444e6c4e6d4d354d6d49744f444e6d59533030596d59304c546b7a4d4451744e6d51324d5441334e6a646 8596d45784c6e426b5a673d3d&Fich=d3e6c92b-83fa-4bf4-9304-6d610767aba1.pdf&Inline=true.

[13] Vide a notícia «Parlamento volta a mexer no regime de tributação de criptoativos. O que muda?», publicada pelo Jornal ECO em 23.11.22 e acessível em: https://eco.sapo.pt/2022/11/23/parlamento-mexe-no-regime-de-tributacao-de-criptoativos-o-que-muda/; & a notícia «OE 2023: Aprovadas propostas do PS sobre regime de tributação de criptoativos», publicada pelo Jornal de Negócios em 23.11.22 e acessível em: https://www.jornaldenegocios.pt/mercados/criptoativos/detalhe/oe-2023-aprovadas-propostas-do-ps-sobre-regime-de-tributacao-de-criptoativos.

aprovado[14] (apesar de estar longe de estar perfeito) aparenta responder a algumas questões práticas e apresenta isenções que, eventualmente, parecem poder vir a contribuir para dinamização do desenvolvimento deste setor em Portugal. Embora o escopo do presente livro incida sobre a análise do enquadramento fiscal de rendimentos provenientes de operações relacionadas com criptoativos pré- e pós-Orçamento do Estado para 2023 e a sua entrada em vigor, tendo em conta a data em que foi redigido, é baseado na experiência adquirida, sobretudo, antes da divulgação deste novo diploma e, claro, da sua aplicabilidade.

Posto isto, com o presente texto, pretende-se introduzir o enquadramento fiscal dos rendimentos provenientes de operações relacionadas com criptoativos Portugal (pré- e pós-Orçamento do Estado para 2023) e, sobretudo, contribuir para a compreensão de uma matéria cujo enquadramento legal devia, no mínimo, ser claro, preciso, concreto e detalhado, até pelo elevado escrutínio, controlo e fiscalização que este tipo de atividade acarreta ou, pelo menos, exige.

[14] Lei n.º 24-D/2022, de 30/12, que aprova o Orçamento do Estado para 2023, acessível em: https://info.portaldasfinancas.gov.pt/pt/informacao_fiscal/legislacao/diplomas_legislativos/Documents/Lei_24_D_2022.pdf.

Capítulo I
Conceitos introdutórios

1. Enquadramento: incidência subjetiva e objetiva

De acordo com o art. 13.º, n.º 1, do CIRS[15], relativamente à incidência subjetiva, são sujeitos passivos de imposto sobre o rendimento as pessoas singulares que residam em território português ou as que nele obtenham rendimentos. Estes sujeitos passivos serão tributados pela

[15] Código de Imposto sobre o Rendimento de Pessoas Singulares (Decreto-Lei n.º 442-A/88, de 30 de Novembro, que aprova o Código do Imposto sobre o Rendimento das Pessoas Singulares, no uso da autorização legislativa concedida pela Lei n.º 106/88, de 17 de Setembro e nos termos das als. a) e b) do n.º 1 do art. 201.º da Constituição da República Portuguesa, acessível em: https://info.portaldasfinancas.gov.pt/pt/informacao_fiscal/codigos_tributarios/cirs_rep/Pages/codigo-do-irs-indice.aspx).

totalidade dos seus rendimentos, independentemente de terem sido obtidos em território nacional ou no estrangeiro (cf. art. 15.º, n.º 1, do CIRS). Para estes, é o critério da residência o elemento de conexão relevante. Por seu turno, nos termos do art. 18.º, também do CIRS, os não residentes são tributados em imposto sobre o rendimento de pessoas singulares apenas pelos rendimentos que obtiverem em território nacional. O critério da fonte, é o elemento de conexão utilizado.

No que respeita à incidência objetiva, o CIRS assenta na conceptualização de seis categorias de rendimento (Categoria A – Rendimentos do trabalho dependente; Categoria B – Rendimentos empresariais e profissionais; Categoria E – Rendimentos de capitais; Categoria F – Rendimentos prediais; Categoria G – Incrementos patrimoniais; e Categoria H – Pensões) através das quais é operada a tipificação dos rendimentos tributáveis (cf. art. 1.º, n.º 1, do CIRS).

Em Portugal, em geral, os rendimentos provenientes de operações relacionadas com criptoativos podem ser enquadrados em três categorias diferentes: Categoria B – Rendimentos empresariais e profissionais; Categoria E – Rendimentos de capitais; e Categoria G – Incrementos patrimoniais. Dada a sua importância para compreensão do enquadramento fiscal de rendimentos provenientes de operações relacionadas com criptoativos, estas três categorias de rendimentos serão brevemente analisadas no âmbito do presente capítulo.

2. Categoria B: rendimentos de trabalhador independente

2.1. Âmbito: critérios de aferição de atividade profissional/ empresarial

Neste âmbito, é necessário distinguir os rendimentos empresariais, em sentido estrito, dos rendimentos profissionais. Os rendimentos empresariais serão, normalmente, obtidos no exercício, com «caráter de habitualidade» e «orientação da atividade à obtenção de lucro», de atividades de natureza comercial, industrial, agrícola, silvícola ou pecuária (cf. art. 3.º, n.º 1, al. a), do CIRS).

Os rendimentos profissionais serão todos os rendimentos provenientes de atividades que desenvolvem trabalho independente, fundado na existência de um contrato de prestação de serviços (cf. art. 3.º, n.º 1, al. b), do CIRS). Neste sentido, na categoria B, os rendimentos empresariais ou profissionais auferidos não são tributados em função da origem do rendimento, mas sim em função do exercício de uma atividade, que se apura pela sua «habitualidade» e pela «orientação da atividade à obtenção de lucros» (cf. arts. 3.º e 4.º, ambos do CIRS). Cumpre, portanto, perceber o que se entende por « habitualidade» e «orientação da atividade à obtenção de lucro»[16].

2.2. A orientação da atividade à obtenção de lucro

O critério da orientação da atividade à obtenção de lucro consiste na intenção de gerar e

[16] A este respeito, vide Costa Ramos, Vânia, & Pereira Coelho, Diogo, *Breves Observações Relativas ao Imposto Sobre o Rendimento Proveniente de Criptoativos em Portugal,* Newsletter – Carlos Pinto de Abreu e Associados – Sociedade de Advogados, SP, RL, 2021, acessível em: https://carlospintodeabreu.com/wp-content/uploads/2021/06/IRSCripto_VCR_DPC_V08.06.2021.pdf; Pereira Coelho, Diogo, *Newsletter – Tributação de Criptoativos em sede de IRS: o novo regime proposto para 2023 (Portugal)*, SSRN, 2022, acessível em: https://papers.ssrn.com/sol3/papers.cfm?abstract_id=4255253; Pereira Coelho, Diogo, «Proposta de OE de 2023: a tributação de criptoativos em sede de IRS», in *Jornal Económico,* 2022, acessível em: https://jornaleconomico.pt/noticias/proposta-de-oe-de-2023-a-tributacao-de-criptoativos-em-sede-de-irs-958366; Pereira Coelho, Diogo, «Alteração da proposta de OE para 2023 em sede de tributação de criptoativos (IRS): algumas notas», in *Jornal Económico,* 2022, https://jornaleconomico.pt/noticias/alteracao-da-proposta-de-oe-para-2023-em-sede-de-tributacao-de-criptoativos-irs-algumas-notas-968797; & Pereira Coelho, Diogo, *Newsletter – Novo regime de tributação de criptoativos em sede de IRS para 2023 em Portugal,* SSRN, 2022, acessível em: https://papers.ssrn.com/sol3/papers.cfm?abstract_id=4303204.

agregar rendimento, ou seja, o rendimento foi gerado de forma intencional e não de forma fortuita ou casual, sendo esperados benefícios económicos futuros de determinada atividade profissional ou empresarial ou ato comercial. Atente-se na necessidade de esta intenção estar, desde logo, presente num momento inicial e não constituir uma decisão posterior, em face de uma determinada necessidade financeira repentina[17]. O ónus da prova da intenção de gerar o rendimento num momento inicial recai sobre a Autoridade Tributária, tarefa que se afigura bastante difícil, senão mesmo impossível face às atuais limitações em termos de meios de controlo.

2.3. O conceito de habitualidade

Neste caso, estamos perante um conceito não definido na legislação tributária portuguesa, mas utilizado enquanto um dos critérios para se aferir se determinada atividade é levada a cabo de forma profissional ou com caraterísticas empresariais. Tal tarefa não se afigura fácil. Para se aferir a habitualidade de uma atividade profissional ou empresarial não basta se aferir se a atividade

[17] Vide Pereira Coelho, Diogo, «Proposta de OE de 2023..., op. cit. nota 16.

é habitual, esporádica ou única[18], devendo se aferir se a atividade é exercida de forma estável e regular, se está associada a uma estrutura profissional que requer investimento e encargos (como, por exemplo, a implementação e manutenção de instalações próprias para o exercício da atividade ou mesmo formação, certificação ou qualificações na área) e se é exercida como meio e sustento de vida. Também é importante aferir se existem outras fontes de rendimento que, pelo menos, possam cobrir as despesas ordinárias e, eventualmente, também as extraordinárias (para efeito do apuramento do peso económico da atividade)[19]. Não é necessário que a atividade ocorra todos os dias da semana,

[18] Vide o Acórdão do Supremo Tribunal Administrativo (Ana Paula Lobo), processo n.º 01622/15, de 11.01.2017, acessível em: http://www.dgsi.pt/jsta.nsf/35fbbbf22e1bb1e680256f8e003ea931/c29b1e8e475afd25802580a70053c268?OpenDocument&ExpandSection=1.

[19] Segundo o entendimento do Acórdão do Supremo Tribunal Administrativo (Pedro Vergueiro), processo n.º 01123/15.7BEPRT 0504/18, de 10.03.21, acessível em: http://www.dgsi.pt/jsta.nsf/35fbbbf22e1bb1e680256f8e003ea931/c317a72964630932802586970035459b?OpenDocument&ExpandSection=1, cumpre aferir se o contribuinte exerce uma atividade de natureza comercial, industrial, agrícola ou de prestação de serviços, de forma estável e regular, «ainda que sem continuidade perfeita, como sucede com as atividades que, por sua própria natureza, só podem ser exercidas em épocas determinadas ou de tempos a tempos, não deixando, por isso, de constituírem um desempenho normal e regular de uma ou mais atividades comerciais ou industriais».

ou mesmo meses, desde que seja exercida como meio de vida, ou seja, com vista a garantir o sustento pessoal ou, se for caso disso, do agregado familiar[20]. Como tal, este critério terá sempre de ser aferido com base na natureza da atividade, em conjugação com a forma e caraterísticas do seu exercício, bem como com as restantes circunstâncias profissionais e pessoais associadas ao contribuinte. Em alguns casos, determinados critérios podem apresentar mais ou menos relevância para a avaliação da situação.

Não sendo possível apurar o exercício de uma atividade, eventualmente será possível recorrer ao regime de ato isolado ou único (arts. 3.º, n.º 3, do CIRS), que se destina a todos os que, não tendo atividade aberta, têm necessidade de emitir uma fatura ou um recibo por um serviço ou venda realizado de forma pontual ou esporádica (que possa até ter surgido de forma inesperada e cuja repetição não seja previsível).

3. Categoria E: rendimentos de capitais

Segundo o art. 5.º, n.º 1, do CIRS, os rendimentos de capitais são «os frutos e demais vantagens económicas, qualquer que seja a sua

[20] Acórdão do Supremo Tribunal Administrativo (Pedro Vergueiro), de 10.03.21, op. cit. nota 19.

natureza ou denominação, sejam pecuniários ou em espécie, procedentes, direta ou indiretamente, de elementos patrimoniais, bens, direitos ou situações jurídicas, de natureza mobiliária, bem como da respetiva modificação, transmissão ou cessação, com exceção dos ganhos e outros rendimentos tributados noutras categorias». Os frutos são tudo o que determinada coisa «produz periodicamente, sem prejuízo da sua substância», inclusive «as rendas ou interesses que a coisa produz em consequência de uma relação jurídica» (cf. art. 212.º, n.ºs 1 e 2, do CC[21]). A fonte é a coisa, cuja titularidade produz as vantagens económicas designadas de frutos (cf. art. 202.º, n.º 1, do CC). A alienação da fonte, em regra, constituirá uma mais-valia, já que a vantagem económica implica a perda parcial ou total da sua substância (cf. art. 10.º, n.º 1, do CIRS).

A lei portuguesa prevê uma enumeração, puramente exemplificativa, de algumas situações geradoras de rendimentos de capitais (cf. art. 5.º, n.º 2, do CIRS). Neste sentido, qualquer fruto proveniente de uma situação jurídica privada e patrimonial, independentemente da forma ou da qualificação jurídica da forma nego-

[21] Código Civil (Decreto-Lei n.º 47344/66, de 25 de Novembro, aprova o Código Civil e regula a sua aplicação, acessível em: https://www.pgdlisboa.pt/leis/lei_mostra_articulado.php?nid=775&tabela=leis).

cial em causa, pode ser considerado um facto gerador de rendimento de capitais, desde que nem prejudique a substância da fonte, nem seja passível de ser tributado noutras categorias (cf. art. 5.º, n.º 1, do CIRS)[22]. Os rendimentos de capitais imputáveis a atividades geradoras de rendimentos empresariais ou profissionais são considerados rendimentos subsumíveis à categoria B (cf. art. 3.º, n.º 2, al. b), do CIRS).

4. Categoria G: incrementos patrimonais (mais-valias)

A categoria G resultou da unificação da categoria G (mais-valias) e da categoria I (outros rendimentos). Os outros rendimentos (tais como, as indemnizações, as importâncias auferidas em virtude da assunção de obrigações de não concorrência e os acréscimos patrimoniais não justificados) não se enquadram no âmbito do presente estudo, porém, conforme *supra* referido no enquadramento do presente capítulo, as mais-valias enquadram. A definição expressa do conceito de mais-valia não se encontra consubs-

[22] Vide SALDANHA SANCHES, JOSÉ LUÍS, «Conceito de rendimento do IRS», in *Fiscalidade*, n.º 7/8, 2001, p. 61; SALDANHA SANCHES, JOSÉ LUÍS, *Manual de Direito Fiscal*, Coimbra Editora, 3.ª Edição, 2007, p. 314; & MORAIS, RUI DUARTE, *Sobre o IRS*, Almedina, 3.ª Edição, 2016, pp. 95-96.

tanciada no ordenamento jurídico português. Consequentemente, o legislador português optou por uma enumeração casuística e exaustiva dos fatores geradores de imposto das mais-valias (que, em geral, são obtidas de forma inesperada e ocasional). O art. 10.º do CIRS reproduz um princípio de tipicidade dos fatores geradores de incidência de imposto, excluíndo uma panóplia de situações capazes de gerar acréscimos patrimoniais significativos como, por exemplo, os resultantes da valorização de obras de arte[23]. Dentro de algumas limitações, as mais-valias apuradas no âmbito das atividades geradoras de rendimentos empresariais e profissionais são considerados rendimentos subsumíveis à categoria B (cf. art. 3.º, n.º 2, al. c), do CIRS).

5. O momento do nascimento da obrigação tributária em operações relacionadas com criptoativos

Uma questão comum em todas as operações relacionadas com criptoativos, sejam de emis-

[23] Saldanha Sanches José Luís, «Sobre o conceito de mais-valias», in *Fisco*, n.º 38/39 (Benefícios fiscais e incentivos ao investimento das empresas), Edifisco – Sociedade de Informação Fiscal, Lda, Jan/ Fev 1992, acessível em: https://www.cideeff.pt/xms/files/Arquivo/2022/Artigos_APD/G-Fisco-38-39-1992.pdf; Teixeira Ribeiro, José Joaquim, *Lições de Finanças Públicas*, Coimbra Editora, 5.º Edição, 1997, p. 303; & Morais, Rui Duarte, *Sobre o IRS*, op. cit. nota 24, pp. 130-131.

são[24] ou não, é a questão do momento do nascimento da obrigação tributária, isto é, qual é o facto gerador do tributo[25]. Em geral, por um lado, pode ser considerado o momento em que os ganhos obtidos em criptoativos se encontram à disposição na respetiva plataforma (após os *tokens*[26] deixarem de estar retidos pela operação

[24] As principais formas de emissão e distribuição de criptoativos vulgarmente conhecidas são as *initial coin offerings* (ICOs), *airdrops* e *mining*. Os mecanismos de *initial coin offering* e de *airdrop* visam representar um impulso incial de uma *blockchain* start-up (no caso da primeira, de forma direta, e no caso da segunda, muitas vezes, de forma indireta). Já o processo de *mining* visa contribuir para o bom funcionamento da *blockchain* ao longo do seu «tempo de vida», sendo que, neste caso, a emissão de criptoativos é uma consequência desse mesmo processo. Refira-se ainda que a par de ICOs existem ainda outros tipos de *offerings* dignos de menção, em concreto: *Initial Exchange Offering* (IEO), *Initial Liquidity Offering* (ILO), *Security Token Offering* (STO), *Digital Security Offering* (DSO), *Initial Farm Offering* (IFO), *Initial DEX Offering* (IDO), *Token Generation Event* (TGE), *Initial Metaverse Offering* (IMO) & *Initial NFT Offering* (INO). A propósito das ICO, vide VIEIRA DOS SANTOS, JOÃO, *Regulação de Formas de Financiamento Empresarial FinTech – Em especial o Crowdfunding e as Initial Coin Offering*, Instituto do Conhecimento, N.º 8, Almedina, Abreu Advogados, 2022.

[25] Vide o Acórdão do TRIBUNAL CENTRAL ADMINISTRATIVO SUL (JOAQUIM CONDESSO), processo n.º 09188/15, de 13.10.16, acessível em: http://www.dgsi.pt/jtca.nsf/-/792DB0A177189AE88025804C0053068C; & Acórdão do TRIBUNAL CENTRAL ADMINISTRATIVO SUL (JOAQUIM CONDESSO), processo n.º 237/05.6BEALM, de 30.11.17, acessível em: http://www.dgsi.pt/jtca.nsf/-/F322FE8364FA872280258IEC004C605A.

[26] Sobre o conceito de *token*, vide OLIVEIRA ASCENSÃO, JOSÉ DE, «Protecção jurídica dos programas de computador», in *Revista*

que os gerou e ao dispor do titular). Por outro, pode ser considerado o momento do câmbio de criptoativo por moeda com curso legal ainda na plataforma (e antes da transferência dos fundos convertidos para a conta bancária tradicional). O legislador português optou pela segunda opção.

Enquanto as plataformas de negociação não contribuírem para o cumprimento das obrigações fiscais dos utilizadores (com registos e extratos oficiais), nem os próprios disporem de meios para o efeito (face à inexistência de registos e extratos oficiais e às difuldades em acompanhar a elevada volatilidade de preço deste tipo de ativo), tudo indica que a primeira opção colide com o princípio da proporcionalidade[27]. Além disso, apesar de o contribuinte já ter os criptoativos à sua disposição antes de proceder ao câmbio, na prática, continuam a tratar-se de criptoativos, isto é, de uma aplicação financeira e, como tal, sujeita a ser afetada pela elevada volatilidade de preços, que são propensos a variações súbitas e amplas (tanto de forma negativa, o que pode gerar despesa, como de forma posi-

da Ordem dos Advogados (ROA), Lisboa, Abril 1990, acessível em: https://portal.oa.pt/upl/%7B639e8fc8-d372-43d0-8a42-c429d91445f8%7D.pdf.

[27] Previsto no art. 18.º, n.º 2, da Constituição da República Portuguesa (Decreto de 10 de Abril de 1976, que aprova a Constituição da República Portuguesa, acessível em: https://www.pgdlisboa.pt/leis/lei_mostra_articulado.php?nid=4&tabela=leis).

tiva, o que nos termos da atual proposta gera mais-valias). O princípio básico da capacidade contributiva[28] exige ainda que o acréscimo patrimonial terá de consubstanciar um aumento real e efetivo do património do contribuinte[29], pelo que, para já, o momento do nascimento da obrigação tributária parece coincidir com o momento do câmbio de criptoativo por moeda com curso legal ainda dentro da plataforma, parecendo ser esse o critério relevante (venha ou não esse fundo a ser transferido para uma conta bancária tradicional).

Conforme melhor veremos *infra*, é o que decorre do art. 10.º, n.º 20 (categoria G), art.º 31.º, n.º 17 (categoria B) e art. 5.º, n.º 11 (categoria E), todos do atual CIRS (pós-aprovação do Orçamento do Estado para 2023), dos quais resulta que o facto gerador do tributo coincide com o momento do câmbio do criptoativo por moeda fiduciária, ou seja, com o momento da alienação

[28] Previsto no art. 4.º, n.º 1, da Lei Geral Tributária (Decreto-Lei n.º 398/98, de 17 de Dezembro, que aprova a lei geral tributária que enuncia e define os princípios gerais que regem o direito fiscal português e os poderes da administração tributária e garantias dos contribuintes, acessível em: https://www.pgdlisboa.pt/leis/lei_mostra_articulado.php?nid=253&tabela=leis); e nos arts. 103.º e 104.º, ambos da CRP (identificada na nota de rodapé anterior).

[29] Vide o Acórdão do Tribunal Central Administrativo Sul (Jorge Cortês), processo n.º 264/13.0BEALM, de 18.14.18, acessível em: http://www.dgsi.pt/jtca.nsf/-/11E51EA7DF426CCD802582810054E22F.

onerosa do criptoativo (independentemente da categoria). Com a entrada em vigor do Regulamento MiCA e a futura implementação da oitava alteração da Directiva 2011/16/UE do Conselho, de 15 de Fevereiro de 2011 , relativa à cooperação administrativa no domínio da fiscalidade e que revoga a Directiva 77/799/CEE[30] através da DAC8[31], bem como do Crypto-Asset Reporting Framework and Amendments to the Common Reporting Standard (CARF) da OECD[32], este cenário pode vir a ser alterado, pois estabele-

[30] Acessível em: https://eur-lex.europa.eu/legal-content/en/ALL/?uri=CELEX%3A32011L0016.

[31] Vide Comissão Europeia, COMMISSION STAFF WORKING DOCUMENT IMPACT ASSESSMENT REPORT, Initiative to strengthen existing rules and expand the exchange of information framework in the field of taxation so as to include crypto-assets Accompanying the document Proposal for a Council Directive amending Directive 2011/16/EU on administrative cooperation in the field of taxation, SWD/2022/401 final, acessível em: https://eur-lex.europa.eu/legal-content/EN/TXT/?uri=CELEX%3A52022SC0401&qid=1670936134550; vide ainda Comissão Europeia, Questions and Answers: DAC8, Press corner, 08.12.2023, acessível em: https://ec.europa.eu/commission/presscorner/detail/en/QANDA_22_7517; & Parlamento Europeu, Tax transparency rules for crypto-asset transactions (DAC8), Think Thank, European Parliamentary Research Service, 27.01.2023, acessível em: https://www.europarl.europa.eu/thinktank/en/document/EPRS_BRI(2023)739310.

[32] Vide Organização para a Cooperação e Desenvolvimento Económico, Crypto-Asset Reporting Framework and Amendments to the Common Reporting Standard, 10.10.22, acessível em: https://www.oecd.org/tax/exchange-of-tax-information/crypto-asset-

cem deveres de reporte de informação aos prestadores de serviços de criptoativos e novas normas no que respeita à troca de informação fiscal transfronteiriça referente aos titulares de criptoativos (que não serão desenvolvidas no presente estudo).

reporting-framework-and-amendments-to-the-common-reporting-standard.htm.

Capítulo II
Tributação de criptoativos em sede de IRS até 2022

1. Enquadramento

Conforme *supra* referido na introdução, embora o Parlamento Europeu já tenha aprovado em abril de 2023 o regulamento MiCA, uma vez que irá entrar em vigor em junho de 2023 após ser formalmente aprovado pelo Conselho em maio de 2023, será apenas plenamente aplicável no final do ano de 2024 (se não for mesmo no início do ano de 2025). Neste sentido, até à data do presente estudo, ainda não existe uma legislação comunitária aplicável que incida sobre criptoativos. Além da falta de uma regulamentação, em Portugal, até ao final do ano de 2022, também não existia qualquer enquadramento, fiscal ou legal, concreto para os criptoativos[33].

Em todo o caso, até ao final de 2022 existiam quatro informações vinculativas através das quais a Autoridade Tributária se pronunciou sobre a tributação e enquadramento dos criptoativos, concretamente no âmbito dos processo n.ºs 5717/2015[34], 12904[35], 14763[36] e 14436[37]. Por norma, as informações vinculativas vinculam apenas a Autoridade Tributária e não constituem qualquer fonte de Direito. Estamos perante um mero ato administrativo por via do qual a Autoridade Tributária define a sua posição relativamente a uma situação individual e concreta de um concreto contribuinte. O contribuinte não fica obrigado a seguir a posição da

[33] Costa Ramos, Vânia, & Pereira Coelho, Diogo, *Breves Obser...*, cit. op. cit. nota 16.

[34] Autoridade Tributária e Aduaneira, Informação Vinculativa, processo n.º 5717/2015, 27.12.16, acessível em: https://info.portaldasfinancas.gov.pt/pt/informacao_fiscal/informacoes_vinculativas/rendimento/cirs/Documents/PIV_09541.pdf.

[35] Autoridade Tributária e Aduaneira, Informação Vinculativa, processo n.º 12904, de 15.02.18, acessível em: http://www.taxfile.pt/file_bank/news1218_15_1.pdf.

[36] Autoridade Tributária e Aduaneira, Informação Vinculativa, processo n.º 14763, de 28.01.19, acessível em: http://www.taxfile.pt/file_bank/news0719_27_1.pdf.

[37] Autoridade Tributária e Aduaneira, Informação Vinculativa, processo n.º 14436, de 03.07.19, acessível em: https://www.audico.pt/wp-content/uploads/2019/08/57_INFORMACAO_14436.pdf.

Autoridade Tributária, podendo, por sua vez, agir de acordo com interpretação (embora discordante da interpretação feita pela Autoridade Tributária) que entenda ser a decorrente das normas legais que estiverem em causa. Em resposta, a Autoridade Tributária, se quiser fazer valer a interpretação da informação, tem que iniciar o respetivo procedimento e efetuar as correções tributárias (que, por sua vez, serão impugnáveis pelo contribuinte)[38]. Ainda assim, apesar de não constituirem fonte de Direito, constituem orientações emitidas pela autoridade responsável por este tipo de matérias e, por isso, foram (e devem ser) tidas em conta na análise do enquadramento fiscal de rendimentos provenientes de operações relacionadas com criptoativos pré-Orçamento do Estado para 2023.

Os últimos três processos (n.ºs 12904, 14763 e 14436) tratam questões relacionadas com a aplicação de IVA[39] em operações relacionadas

[38] Vide o Acórdão do SUPREMO TRIBUNAL ADMINISTRATIVO (CASIMIRO GONÇALVES), processo n.º 01011/11, 05.01.12, acessível em: http://www.dgsi.pt/jsta.nsf/35fbbbf22e1bb1e680256f8e003ea931/ac5ea1227d1aef4d8025798b004620a2?OpenDocument&ExpandSection=1.

[39] A Autoridade Tributária tem seguido o entendimento do Acórdão do TRIBUNAL DE JUSTIÇA DA UNIÃO EUROPEIA, processo C-264/14, 22.10.15, acessível em: https://eur-lex.europa.eu/legal-content/PT/ALL/?uri=CELEX%3A62014CJ0264, que esclarece que as moedas virtuais, que apenas têm como finalidade servirem de meio de pagamento, devem considerar-se abrangidas pelo regime

com criptoativos, bem como questões específicas relacionadas com a emissão de faturas, pelo que não serão desenvolvidos ou aprofundados no presente livro. No âmbito do presente capítulo II, será principalmente desenvolvido o enquadramento fiscal constante do processo n.ºs 5717/2015[40], pois além de se referir aos ganhos obtidos com a «compra e venda de uni-

de isenção previsto para as divisas, notas bancárias e moedas com valor liberatório, constante no art. 135.º, n.º 1, al. e) da Diretiva 2006/112/CE do Conselho, de 28 de novembro de 2006, relativa ao sistema comum do imposto sobre o valor acrescentado, acessível em: https://eur-lex.europa.eu/legal-content/EN/TXT/HTML/?uri=CELEX:32006L0112&from=PT. Como tal, em princípio, a «compra e venda de unidades monetárias virtuais/ troca ao câmbio do momento de cripto-moeda por moeda real» parece estar isenta de IVA, de acordo com a subalínea d), da al. 27), do art. 9.º do Código do Imposto sobre o Valor Acrescentado (Decreto-Lei n.º 102/2008, de 20 de junho, que no uso da autorização legislativa concedida pelo art. 91.º da Lei n.º 67-A/2007, de 31 de Dezembro, altera e republica o Código do Imposto sobre o Valor Acrescentado, aprovado pelo Decreto-Lei n.º 394-B/84, de 26 de Dezembro, e o Regime do IVA nas Transacções Intracomunitárias, aprovado pelo Decreto-Lei n.º 290/92, de 28 de Dezembro), acessível em: https://info.portaldasfinancas.gov.pt/pt/informacao_fiscal/codigos_tributarios/civa_rep/Pages/codigo-do-iva-indice.aspx. Vide ainda Autoridade Tributária e Aduaneira, processo n.º 12904, de 15.02.18, op. cit. nota 35, p. 2; Autoridade Tributária e Aduaneira, processo n.º 14763, de 28.01.19, op. cit. nota 36, p. 2; & Autoridade Tributária e Aduaneira, processo n.º 14436, de 03.07.19, op. cit. nota 37, p. 2.

[40] Vide Autoridade Tributária e Aduaneira, processo n.º 5717/ /2015, 27.12.16, op. cit. nota 33.

dades monetárias virtuais/ troca ao câmbio do momento de cripto-moeda por moeda real», ainda identificada mais duas operações relacionadas com criptoativos passíveis de ser enquadradas no âmbitos das categorias de rendimento do CIRS, designadamente «a obtenção de comissões pela prestação de serviços relacionados com a obtenção ou curso normal da cripto-moeda» e os «ganhos derivados de vendas de produtos ou serviços em cripto-moeda».

2. Mais-valias (categoria G)

No processo n.º 5717/ 2015[41], a Autoridade Tributária começou por excluir o enquadramento da «compra e venda de unidades monetárias virtuais/ troca ao câmbio do momento de cripto-moeda por moeda real» do âmbito de aplicação da categoria de rendimentos G (arts. 9.º, n.º 1, al. a), e 10.º, ambos do CIRS).

Para Autoridade Tributária, no caso dos criptoativos, não estavamos perante partes sociais, nem perante qualquer direito que permita receber qualquer valor. A Autoridade Tributária considerava que a valorização dos criptoativos não assentava em qualquer ativo subjacente,

[41] Autoridade Tributária e Aduaneira, processo n.º 5717/2015, 27.12.16, op. cit. nota 34, p. 1.

uma vez que é meramente determinado pela oferta e procura. Como tal, não poderiam ser tidos em conta como um produto financeiro derivado. Ainda segundo a interpretação da Autoridade Tributária, atenta a definição de valor mobiliário constante do art. 1.º do CVM[42], também não estavamos perante uma realidade que pudesse, naquele momento (em 2016, data do processo em causa), ser subsumida na definição de valores mobiliários[43] para efeito de tributação no âmbito das mais-valias. Neste sentido, concluiu que os criptoativos não podiam ser tributados enquanto incrementos patrimoniais, concretamente, enquanto mais-valias (arts. 9.º, n.º 1, al. a), e 10.º, ambos do CIRS)[44].

[42] Código de Valores Mobiliários (Decreto-Lei n.º 486/99, de 13 de Novembro, que aprova o Código de Valores Mobiliários, acessível em: https://www.pgdlisboa.pt/leis/lei_mostra_articulado.php?nid=450&tabela=leis).

[43] Autoridade Tributária e Aduaneira, processo n.º 5717/2015, 27.12.16, op. cit. nota 34, p. 1.

[44] Costa Ramos, Vânia, & Pereira Coelho, Diogo, *Breves Obser...*, cit. op. cit. nota 16, p. 2.

3. Rendimentos de capitais (categoria E)

3.1. Enquadramento fiscal da «compra e venda de unidades monetárias virtuais/ troca ao câmbio do momento de cripto-moeda por moeda real»

Também no processo n.º 5717/ 2015[45], a Autoridade Tributária excluiu o enquadramento da «compra e venda de unidades monetárias virtuais/ troca ao câmbio do momento de cripto-moeda por moeda real» do âmbito de aplicação da categoria de rendimentos E (cf. art. 5.º do CIRS). A Autoridade Tributária entendia que, apesar de a norma de incidência (cf. art. 5.º, n.ºs 1 e 2, do CIRS) estar «construída de uma forma aberta, indicando uma regra geral e exemplificando diversas realidades sujeitas a tributação (mas não as únicas)», nesta categoria seriam apenas «tributados os rendimentos que são gerados pela mera aplicação de capital, ou seja, são tributados os frutos jurídicos», também apelidados de «direitos produzidos pelo prejuízo da substância do produtor».

Uma vez que o rendimento gerado pela «compra e venda de unidades monetárias vir-

[45] Autoridade Tributária e Aduaneira, processo n.º 5717/2015, 27.12.16, op. cit. nota 34, pp. 1-2.

tuais/ troca ao câmbio do momento de cripto-moeda por moeda real» não era qualificável enquanto «direito produzido pelo prejuízo da substância do produtor», também neste caso, considerava a Autoridade Tributária que não era enquadrável no âmbito da categoria E[46].

3.2. Enquadramento fiscal da «obtenção de comissões pela prestação de serviços relacionados com a obtenção ou curso normal da cripto-moeda»

Em teoria, dado o caráter aberto e dependendo do significado do conceito escolhido pela Autoridade Tributária, a «obtenção de comissões pela prestação de serviços relacionados com a obtenção ou curso normal da cripto-moeda» podia eventualmente ser enquadrada nesta categoria, em concreto os rendimentos provenientes de *staking off-chain, mining apps*, *airdrop* (dependendo da perspetiva e interpretação), NFT *dividends* (& *royalties?*), NFT *staking, lending, yield farming, liquidity mining, crypto savings accounts,* etc., conforme melhor veremos no capítulo IV. Posto que as plataformas de negociação não contribuiam para o cumprimento das

[46] Costa Ramos, Vânia, & Pereira Coelho, Diogo, *Breves Obser...*, cit. op. cit. nota 16, pp. 2-3.

obrigações fiscais dos utilizadores, nem os próprios contribuintes dispunham de meios para o efeito, tudo indicava que o eventual enquadramento colidia ou, pelo menos, compressava o princípio da proporcionalidade.

4. Rendimentos de trabalhador independente (categoria B)

4.1. Enquadramento fiscal da «compra e venda de unidades monetárias virtuais/ troca ao câmbio do momento de cripto-moeda por moeda real»

4.1.1. Âmbito

Segundo a interpretação vinculativa da Autoridade Tributária no processo n.º 5717/ 2015[47], os ganhos obtidos com a «compra e venda de unidades monetárias virtuais/ troca ao câmbio do momento de cripto-moeda por moeda real» que, pela sua habitualidade e orientação da atividade à obtenção de lucros, constituiam uma atividade profissional ou empresarial, seriam integrados na categoria B, nos termos do art. 3.º do

[47] Autoridade Tributária e Aduaneira, processo n.º 5717/2015, 27.12.16, op. cit. nota 34, p. 1.

CIRS. Ainda segunda aquela interpretação, existindo o exercício de uma atividade profissional ou empresarial, ficava o contribuinte obrigado a cumprir as obrigações declarativas constantes do n.º 6 do art. 3.º do CIRS, ou seja, a emitir uma fatura ou um documento equivalente (fatura-recibo eletrónico), sempre que realizasse uma venda ou prestasse um serviço, conforme decorria ainda das informações vinculativas referentes ao IVA no âmbito dos processos n.º 12904, 14763 e 14436[48].

A Autoridade Tributária foi ainda mais longe e referiu ainda que, «nesta categoria, podem ser tributados rendimentos quer os mesmos provenham de vendas, quer sejam frutos, ou revistam qualquer outra natureza», nos termos do art. 3.º, n.º 1, do CIRS. Conforme melhor veremos nos pontos seguintes, com a referência aos «frutos», a Autoridade Tributária parece ter

[48] Segundo o entendimento da Autoridade Tributária, tanto a conversão de criptoativos, por contrapartida em EUR ou outra moeda com curso legal, como a remuneração (ativa) em criptoativos através de operações relacionadas com criptoativos, constituíam uma prestação de serviços efetuada a título oneroso. Afigurava-se (e continua a afigurar), pois, fundamental que o contribuinte se informasse sobre a aplicação prática destas normas, ou seja, sobre o devido preenchimento e/ ou emissão das referidas faturas. Vide Autoridade Tributária e Aduaneira, processo n.º 12904, de 15.02.18, op. cit. nota 35; Autoridade Tributária e Aduaneira, processo n.º 14763, de 28.01.19, op. cit. nota 36; & Autoridade Tributária e Aduaneira, processo n.º 14436, de 03.07.19, op. cit. nota 37.

procurado abarcar os rendimentos de outros tipos de operações relacionadas com criptoativos, inclusive rendimentos provenientes da atividade de *staking*, *lending*, ou qualquer outro tipo de atividade que pudesse gerar um rendimento eventualmente considerado passivo (conforme exposto a propósito da categoria E) e auferido por um trabalhador independente no âmbito de operações relacionadas com criptoativos[49]. Como tal, se o contribuinte não tivesse qualquer atividade profissional ou empresarial inscrita e, ainda assim, auferisse rendimentos (obtidos diretamente em criptoativos ou não) provenientes de operações relacionadas com criptoativos e com alguma «habitualidade», eventualmente seria necessário apurar o exercício de uma atividade profissional ou empresarial.

Nessa altura (pré-2023), cumpria esclarecer o que se entendia por «habitualidade», um conceito que, conforme referido *supra* no capítulo I, não é era e continua a não ser definido na legislação tributária. Ademais, cumpria ainda esclarecer se, neste tipo de casos de «compra e venda de unidades monetárias virtuais/ troca ao câmbio do momento de cripto-moeda por moeda real», o critério da orientação da atividade à obtenção de lucros se encontrava igualmente

[49] COSTA RAMOS, VÂNIA, & PEREIRA COELHO, DIOGO, *Breves Obser...*, cit. op. cit. nota 16, pp. 2-5.

preenchido em todos os casos ou se existiam exepções (a título de exemplo, como parecem existir no caso de *airdrop*). Acima de tudo (e, até, para ser possível apurar se os critérios anteriores se encontravam ou não preenchidos), cumpria esclarecer qual era o momento do nascimento da obrigação tributária (ou seja, o facto gerador do tributo) neste tipo de operações, bem como o que se entendia por «compra e venda de unidades monetárias virtuais/ troca ao câmbio do momento de cripto-moeda por moeda real». Os critérios da habitualidade e da orientação da atividade à obtenção de lucro eram aferidos conforme *supra* exposto no capítulo I. Já as questões relativas ao momento do nascimento da obrigação tributária e ao que se entendia por «compra e venda de unidades monetárias virtuais/ troca ao câmbio do momento de cripto-moeda por moeda real» deixavam bastantes dúvidas (e diretamente relacionadas), conforme melhor veremos nos pontos seguintes.

4.1.2. Factor gerador da obrigação tributária pré-Orçamento do Estado para 2023

No que respeita ao factor gerador da obrigação tributária, antes da apresentação da proposta de alteração da proposta de Orçamento do Estado para 2023, não existia qualquer orientação em Portugal, apenas os exemplos que eram dados por outras jurisdições ao nível europeu e internacional[50]. Conforme *supra* exposto no capítulo I, em geral, por um lado, podia ser considerado o momento em que os ganhos obtidos em criptoativos se encontram à disposição na respetiva plataforma (após os *tokens* deixarem de estar retidos pela operação que os gerou e ao dispor do titular). Por outro, podia ser considerado o momento do câmbio de criptoativo por moeda com curso legal ainda na plataforma (e antes da transferência dos fundos convertidos para a conta bancária tradicional)[51].

Uma vez que as plataformas de negociação não contribuíam para o cumprimento das obrigações fiscais dos utilizadores, nem os próprios dispunham de meios para o efeito, tudo indicava que a primeira opção colidia com o princípio da proporcionalidade. Acrescia que o princípio da capacidade contributiva exigia ainda que o acréscimo patrimonial teria de consubstanciar um aumento real e efetivo do património do

[50] Vide PRICEWATERHOUSECOOPERS (PwC), *PwC Global Crypto Regulation Report 2023 – Towards global regulatory clarity*, December 2022, acessível em: https://www.pwc.com/gx/en/about/new-ventures/global-crypto-regulation-report-2023.html.

[51] PEREIRA COELHO, DIOGO, *Newsletter – Tributação de Criptoativos...*, op. cit. nota 16, pp. 1-2.

contribuinte[52], pelo que, antes de 2023 e da entrada em vigor do Orçamento do Estado para 2023, o momento do nascimento da obrigação tributária parecia coincidir apenas com o momento do câmbio de criptoativo por moeda com curso legal ainda dentro da plataforma (viesse ou não esse fundo a ser transferido para uma conta bancária tradicional)[53].

4.1.3. Da conceito de «compra e venda de unidades monetárias virtuais/ troca ao câmbio do momento de cripto-moeda por moeda real»

Relativamente aos conceitos de «compra e venda de unidades monetárias virtuais/ troca ao câmbio do momento de cripto-moeda por moeda real», não era claro se «compra e venda de unidades monetárias virtuais» se referia à permuta/ conversão de criptoativo por outro criptoativo (inclusive, por *stablecoins*?) e «troca ao câmbio do momento de cripto-moeda por moeda real» estritamente ao câmbio de criptoativo por moeda com curso legal (excluíndo deste âmbito a conversão por *stablecoin*), ou se ambos os

[52] Vide o Acórdão do Tribunal Central Administrativo Sul (Jorge Cortês), de 18.14.18, op. cit. nota 29.

[53] Pereira Coelho, Diogo, *Newsletter – Tributação de Criptoativos...*, op. cit. nota 16, pp. 1-2.

conceitos significavam a mesma coisa, ou seja, o câmbio de criptoativos por moeda com curso legal. A resposta para esta questão, parecia depender da resposta para a questão do momento do nascimento da obrigação tributária. Segundo a lógica *supra* exposta no ponto dois e no capítulo II, caso fosse considerado «o momento em que os ganhos obtidos em criptoativos se encontram à disposição na respetiva plataforma», parecia ser possível incluir a permuta de criptoativo por outro criptoativo. Pelo contrário, caso fosse considerado apenas «o momento do câmbio de criptoativo por moeda com curso legal ainda na plataforma», parecia não ser possível incluir a permuta de criptoativo por outro criptoativo.

4.1.4. Problemas práticos

Perante todas estas dúvidas, e apesar de antes do ano de 2023 não existir um diploma legal através do qual decorresse tal obrigação, por cautela e prevenção, deve o contribuinte manter um registo capaz de justificar a origem dos seus rendimentos através de suporte documental atualizado e o mais completo possível (que pode incluir comprovativos de transferência de conta bancária tradicional, extratos de movimentos de conta bancária tradicional, qualquer tipo de correspondência trocada com a plataforma, e-mails remetidos pela plataforma a confirmar depósitos ou transações, *printscreens* de mensagens trocadas via *chat support*, todos os documentos que seja possível extrair da plataforma, independentemente do tipo de ficheiro, inclusive extratos de movimentos ou transações em ficheiro excel, *printscreens* de extratos de movimentos, de detalhes de conta, de transações, conversões, de ganhos retirados da plataforma, etc.)[54]. Até porque a Autoridade Tributária podia e continua a poder solicitar que o contribuinte justifique os rendimentos resultantes de operações relacionadas com criptoativos, mesmo que aquele não tivesse a obrigação de os declarar. Essa possibilidade existia e continua a existir relativamente aos rendimentos obtidos em anos pré-Orçamento do Estado para 2023. Principalmente, caso o contribuinte apresente despesas consideradas elevadas quando comparadas com os seus rendimentos declarados no âmbito do imposto sobre o rendimento de pessoas singulares anual. A Autoridade Tributária controla a «manifestação de fortuna» de cada contribuinte sempre que detete um aumento de património, podendo para o efeito iniciar um procedimento

[54] Costa Ramos, Vânia, & Pereira Coelho, Diogo, *Breves Obser...*, cit. op. cit. nota 16, p. 4-5.

de inspeção tributária[55] (cf. arts. 54.º e ss. do LGT[56], e 44.º e ss. do CPPT[57]).

4.2. Enquadramento fiscal de «ganhos derivados de vendas de produtos ou serviços em cripto-moeda» e da «obtenção de comissões pela prestação de serviços relacionados com a obtenção ou curso normal da cripto-moeda».

Em teoria, dependendo do significado do conceito escolhido pela Autoridade Tributária, os «ganhos derivados de vendas de produtos ou serviços em cripto-moeda» pareciam referir-se, entre possíveis outros, aos rendimentos provenientes das «atividades» de *staking on-chain* (dependendo da perspetiva e interpretação[58]), *airdrop* (também, dependendo da perspetiva e

[55] Costa Ramos, Vânia, & Pereira Coelho, Diogo, *Breves Obser...*, cit. op. cit. nota 16, p. 4-5.

[56] Lei identificada na nota 28.

[57] Código de Procedimento e de Processo Tributário (Decreto-Lei n.º 433/99, de 26 de Outubro, que aprova o Código de Procedimento e de Processo Tributário, acessível em: https://www.pgdlisboa.pt/leis/lei_mostra_articulado.php?nid=256&tabela=leis).

[58] *Staking on-chain* pode não ser considerado uma atividade profissional ou empresarial, dependendo a interpretação dos critérios de apuramento, conforme melhor veremos no capítulo IV.

interpretação[59]), de *mining*, de produção e venda de NFTs, ou mesmo de compra e revenda de NTFs (inclusive dos *royalties* resultantes), conforme melhor veremos nos capítulos III e IV. Como tal, em teoria, caso preenchessem os requisitos para o efeito, podiam ser enquadrados no âmbito da categoria B.

Também em teoria, por outro lado, os rendimentos de capitais imputáveis à «obtenção de comissões pela prestação de serviços relacionados com a obtenção ou curso normal da cripto-moeda» podiam, eventualmente, ser considerados rendimentos subsumíveis à categoria B (cf. art. 3.º, n.º 2, al. b), do CIRS). Conforme referido *supra* no ponto 3.2., a «obtenção de comissões pela prestação de serviços relacionados com a obtenção ou curso normal da cripto-moeda» podia, eventualmente, ser enquadrada na categoria E no âmbito dos rendimentos de capital. Em concreto, os rendimentos provenientes de *staking off-chain*, *mining apps*, *airdrop* (dependendo da perspetiva e interpretação), NFT *dividends* (& *royalties*?), NFT *staking*, *lending*, *yield farming*, *liquidity mining*, *crypto savings accounts*, etc. No entanto, uma vez que as plataformas de negociação não contribuiam para o

[59] Tabém conforme melhor veremos *infra* no capítulo IV, dependendo a interpretação dos critérios de apuramento, *airdrop* pode não ser considerada uma atividade empresarial ou profissional nem, muito menos, uma prestação de serviço.

cumprimento das obrigações fiscais dos utilizadores, nem os próprios contribuintes dispunham de meios para o efeito, tudo indicava que o eventual enquadramento deste tipo de rendimentos enquanto rendimentos de capital na categoria E (e a consequente subsumissão na categoria B) colidia ou, pelo menos, compressava o princípio da proporcionalidade.

5. Considerações finais

Na prática (pois *law in practice*, por norma, difere bastante de *law in books*), perante todas estas dúvidas e imprecisões, os rendimentos provenientes de operações relacionadas com criptoativos, enquanto mera aplicação financeira (à data não regulada e sem enquadramento fiscal tipificado) e não a nível profissional (o que, conforme *supra* exposto, implicava uma análise global da situação do contribuinte), pareciam não ser declarados/ tributados de todo, uma vez que, analisado o caso concreto, podiam não ser enquadráveis em nenhuma das categorias previstas no CIRS. E mesmo que fossem, em geral, as plataformas de negociação não contribuiam para o cumprimento das obrigações fiscais dos utilizadores, nem os próprios contribuintes dispunham de meios para o efeito, pelo que, eventualmente, qualquer enquadramento colidia ou, pelo menos, compressava o princípio da proporcionalidade[60]. Esta interpretação (a que, ao que tudo indica, era aquela que era aplicada na prática) manteve Portugal até 2022 na cada vez mais curta lista de países que (ainda) não tributam os rendimentos provenientes de operações relacionadas com criptoativos[61].

[60] Costa Ramos, Vânia, & Pereira Coelho, Diogo, *Breves Obser...*, cit. op. cit. nota 16, pp. 4-5.

[61] Conforme notícias referidas *supra*, op. cit. nota 10.

Capítulo III
Proposta de Orçamento do Estado para 2023: proposta de um novo regime de tributação de criptoativos em sede de IRS

1. Enquadramento

A proposta orçamental inicial do Governo português para 2023 incluiu um novo regime de tributação de criptoativos no âmbito do imposto sobre o rendimento de pessoas singulares. Com a introdução desse novo regime, esperava-se que a situação de incerteza que se manteve com a lei do Orçamento do Estado para ano de 2022 fosse finalmente esclarecida. Porém, não foi isso que sucedeu, uma vez este novo regime não esclareceu todas as dúvidas que foram surgindo ao longo dos últimos anos e, como se não bastasse, conforme melhor veremos nos pontos seguintes, ainda apresentava demasiadas imprecisões[62].

2. Definições

Nos termos do regime inicialmente proposto, «toda a representação digital de valor ou direitos que» pudesse «ser transferida ou armazenada eletronicamente recorrendo à tecnologia de registo distribuído ou outro semelhante», seria considerada um criptoativo (cf. art. 10.º, n.º 17, do CIRS). Esta definição parecia ir ao encontro da posição uniformizadora adotada no Regulamento MiCA. Porém, ao contrário do Regulamento MiCA, que distingue e apresenta a definição de diversos tipos de criptoativos, a redação da definição da proposta inicial parecia abarcar todo e qualquer tipo de criptoativo, inclusive *stablecoins* e, até, os criptoativos únicos e não fungíveis (NFTs[63]), o que a tornaria extraordi-

[62] Vide Pereira Coelho, Diogo, *Newsletter – Tributação de Criptoativos...*, op. cit. nota 16; & Pereira Coelho, Diogo, «Proposta de OE de 2023..., op. cit. nota 16.

[63] Cada F-NFT atua como um certificado digital da titularidade de determinada representação digital de valor ou direito(s) e é armazenado em determinada *blockchain* que, por sua vez, constitui uma rede descentralizada de registo e armazenamento de dados (neste caso de representações digitais de direitos) transparente e segura. Vide a este respeito Pereira Coelho, Diogo, «NFTs na indústria

nariamente ampla e dificultaria a já bastante complexa análise casuística[64]. Enquanto os criptoativos fungíveis são ativos que facilmente podem ser trocados por outros da mesma espécie, qualidade ou quantidade, possuindo, por isso, um valor intrínseco que não deixa margens para negociações ou disputas, os criptoativos infungíveis, à semelhança de uma obra de arte ou mesmo de uma propriedade imóvel, foram desenhados para conservar um valor específico, apresentando, cada um, uma estrutura «criptograficamente» única, não sendo, por natureza, divisíveis ou substituíveis[65]. Nesta lógica, como melhor veremos *infra*, as mais-valias na venda de, por exemplo, digital collectibles (arte digital em NFTs), nos termos da proposta inicial estariam sujeitas a tributação no âmbito da categoria G,

da música», in *Observador*, 2023, acessível em: https://observador.pt/opiniao/nfts-na-industria-da-musica/.

64 Pereira Coelho, Diogo, *Newsletter – Tributação de Criptoativos...*, op. cit. nota 16, p. 3.

65 Vide Observatório e Fórum da UE para a Tecnologia de Cadeia de Blocos, NFT – Legal Token Classification, Research papers, 2021, p. 2, acessível em: https://www.eublockchainforum.eu/knowledge; Ethereum, *Non-fungible tokens (NFT)*, acessível em: https://ethereum.org/en/nft/; & Conti, Robyn, & Schmidt, John, «What You Need To Know About Non-Fungible Tokens (NFTs)», in *Forbes Advisor*, 2021, acessível em: https://www.forbes.com/advisor/investing/nft-non-fungible-token/.

o que atualmente não sucede com as obras de arte físicas[66].

Relativamente às *stablecoins*, cujo valor tem por referência o valor de determinados ativos ou mesmo de moedas fiduciárias, nos termos da proposta inicial, as mais-valias resultantes passariam igualmente a estar sujeitas a tributação, ao contrário do que sucede atualmente com as mais-valias decorrentes de operações de câmbio de moedas fiduciárias, que não são tributadas no âmbito da categoria G[67]. Neste sentido, esta solução inicial (que, mais tarde, conforme melhor veremos *infra* no capítulo IV, veio a ser alterada) aparentava ignorar a complexidade associada às especificidades técnicas que permitem distinguir os criptoativos em diversas classificações/subclassificações com estruturas jurídicas essencialmente distintas.

[66] Pereira Coelho, Diogo, *Newsletter – Tributação de Criptoativos...*, op. cit. nota 16, p. 3.

[67] Pereira Coelho, Diogo, *Newsletter – Tributação de Criptoativos...*, op. cit. nota 16, p. 3.

3. Alienação onerosa de criptoativos – mais-valias (categoria G)

3.1. Alienação onerosa de criptoativos que não constituem valores mobiliários

Segundo a proposta al. k) do n.º 1 do art. 10.º, do CIRS (cuja redação foi mantida e aprovada com o Orçamento do Estado para 2023, conforme melhor veremos no capítulo IV), os ganhos provenientes da alienação onerosa de criptoativos que não constituíssem valores mobiliários passariam a ser considerados como mais-valias à taxa de 28% para efeito de imposto sobre o rendimento, excepto, quando essas mais-valias resultassem de uma alienação de criptoativos detidos por um período igual ou superior a 365 dias (cf. art. 10, n.º 18, do CIRS). Tal período poderia ser contado antes da entrada em vigor da lei (1 de janeiro de 2023), pelo que o novo regime iria aplicar-se sobre criptoativos adquiridos antes e depois de 1 de janeiro (cf. art. 10, n.º 18, do CIRS). O cálculo da mais-valia, ou seja, o ganho sujeito a imposto sobre o rendimento seria constituído pela diferença entre o valor de realização e o valor de aquisição (cf. art. 72.º, n.º 1, al. c) e art. 52.º, n.º 4, ambos do CIRS), podendo as inerentes despesas serem deduzidas (cf. art. 51.º, n.º 1, al. b), do CIRS).

O saldo negativo seria englobado e reportado até 5 anos (cf. art. 52.º, n.º 1, al. d), do CIRS).

Esta solução levantava múltiplos problemas, essencialmente devido à definição extraordinariamente ampla de criptoativo[68]. Desde logo, naquela altura não era claro o que se entendia por «alienação onerosa» para este efeito, ou seja, se este conceito incluía o câmbio de criptoativo por moeda com curso legal e a permuta de criptoativo por outro criptoativo, ou apenas o primeiro. A resposta para esta questão, conforme sucedia antes da proposta de Orçamento do Estado para 2023, parecia depender da resposta para a questão do momento do nascimento da obrigação tributária. Segundo a lógica *supra* exposta nos capítulos I e II, caso fosse considerado «o momento em que os ganhos obtidos em criptoativos se encontram à disposição na respetiva plataforma», parecia ser possível incluir a permuta de criptoativo por criptoativo. Pelo contrário, caso fosse considerado apenas «o momento do câmbio de criptoativo por moeda com curso legal ainda na plataforma», parecia não ser possível incluir a permuta de criptoativo por criptoativo[69]. Caso ambos os momentos fossem considerados enquanto fatores geradores de inci-

[68] Pereira Coelho, Diogo, *Newsletter – Tributação de Criptoativos...*, op. cit. nota 16, pp. 4-5.

[69] Pereira Coelho, Diogo, *Newsletter – Tributação de Criptoativos...*, op. cit. nota 16, pp. 4-5.

dência de imposto, seria possível incluir tanto o câmbio, como a permuta, porém, pelas razões *supra* ilustradas nos capítulo I e II, esta solução parecia fazer pouco sentido[70]. A título de exemplo, através de meia dúzia de cliques no dispositivo móvel, é possível aceder a uma plataforma de negociação de criptoativos e, simplesmente, converter BTC para ETH e isto, repetidamente, em princípio, quantas vezes o titular pretender, seja num dia, numa hora ou em minutos... Caso tal conversão (que, no fundo, é uma permuta) fosse incluída no conceito de «alienação onerosa» para este efeito, o princípio da proporcionalidade encontrar-se-ia, no mínimo, compressado, até porque tudo indicava e continua a indicar que estamos perante meros atos de gestão do património privado[71].

Além disso, questionava-se até que ponto seria possível ao contribuinte manter registo de todas as conversões ou câmbios que efetuava, visto que a esmagadora maioria das plataformas não disponibilizavam extratos de movimentos ou de contas (e, grande parte, continua a não disponibilizar), nem nada que se assemelha[72].

[70] Pereira Coelho, Diogo, *Newsletter – Tributação de Criptoativos...*, op. cit. nota 16, p. 5.

[71] *Ibidem.*

[72] A título de exemplo, a Binance, uma das plataformais mais proeminentes, ao longo dos anos tem vindo a disponibilizar extratos de movimentos em ficheiros excel. A este propósito, vide Binance,

O legislador português pretendeu apenas tributar as mais-valias expressamente enumeradas e cuja alienação fosse de fácil controlo, essencialmente por uma questão de capacidade administrativa de imposto, quer por existir um registo público, quer por recorrer a intermediários financeiros para garantir o cumprimento das obrigações fiscais dos contribuintes[73]. Como tal, esta solução parecia fazer pouco sentido, exatamente por, à data da proposta de orçamento, ainda não ser possível recorrer aos ditos «intermediários» para garantir tal cumprimento. A verdade é que, até à data em que presente livro é redigido, continua a ser muito difícil realizar um controlo efetivo e eficiente do cumprimento das obrigações fiscais de titulares de criptoativos, cenário que futuramente poderá mudar[74].

«How to Download Spot Trading Transaction History Statement», in FAQs, acessível em: https://www.binance.com/en/support/faq/how-to-download-spot-trading-transaction-history-statement-e4ff64f2533f4d23a0b3f8f17f510eab. Vide ainda Pereira Coelho, Diogo, *Newsletter – Tributação de Criptoativos...*, op. cit. nota 16, p. 5.

[73] Teixeira Ribeiro, José Joaquim, «Reforma dos anos sessenta», in *A Reforma Fiscal*, Coimbra Editora, 1989, pp. 29 e ss.

[74] Cenário que, conforme *supra* referido no capítulo I, pode vir a mudar com a implementação da oitava alteração da Diretiva 2011/16/EU (relativa à cooperação administrativa no domínio fiscal) através da DAC8, bem como do Crypto-Asset Reporting Framework and Amendments to the Common Reporting Standard (CARF) da OCDE. Pereira Coelho, Diogo, *Newsletter – Tributação de Criptoativos...*, op. cit. nota 16, p. 1.

3.2. Alienação onerosa de criptoativos únicos e não fungíveis

Conforme *supra* referido a propósito das definições, em virtude do conceito extraordinariamente amplo de criptoativo, os ganhos provenientes da compra e venda de NFT como, por exemplo, *digital collectibles* (arte digital em NFT) ou itens de jogos on-line em NFT, podiam vir a estar sujeitos a tributação no âmbito da categoria G, o que, à data, levantou inúmeras questões. Também conforme *supra* referido, atualmente o mesmo entendimento não é aplicado a coisas móveis (físicas) como, por exemplo, obras de arte físicas que, na prática, constituem situações jurídicas em tudo semelhantes a representações digitais de direitos, como, por exemplo, direitos de propriedade sobre determinada arte digital em NFT[75]. De facto, por mais caricato que possa parecer, a proposta ampla definição de criptoativos podia abarcar, por exemplo, *digital collectibles* adquiríveis (por valores diminutos ou mesmo consideravelmente elevados) por crianças e, em alguns casos, utilizáveis enquanto itens virtuais num determinado jogo on-line. Isto significa que, nos termos da nova proposta de lei, caso uma criança realizasse uma permuta de

[75] PEREIRA COELHO, DIOGO, *Newsletter – Tributação de Criptoativos...*, op. cit. nota 16, pp. 5-6.

NFTs com outra criança no âmbito de determinado jogo on-line, estaríamos perante um facto gerador de incidência imposto e não perante um mero ato de gestão do património privado? Os país dessa criança (provavelmente leigos na matéria e sem qualquer tipo de conhecimento sobre o assunto, inclusive da própria existência de tal ativo) estariam obrigados a registar todos os movimentos de NFTs realizados no âmbito de um jogo on-line e a incluir os ganhos na declaração de imposto sobre rendimentos do agregado familiar? Mais uma vez, à data, tudo indicava que o princípio da proporcionalidade voltava a ser severamente compressado[76]. Tanto indicava que, conforme melhor veremos *infra* no capítulo IV, os criptoativos fungíveis foram distinguidos dos não fungíveis e únicos com a proposta de alteração da proposta de Orçamento do Estado para 2023. Tal distinção, também como melhor veremos *infra* no capítulo IV, afigurou-se igualmente indispensável para distinguir o próprio enquadramento fiscal de *Fractional* NFTs (F-NFTs)[77] – questão que, no âmbito desta proposta inicial, nem era, sequer, colocada pelo legislador.

[76] Pereira Coelho, Diogo, *Newsletter – Tributação de Criptoativos...*, op. cit. nota 16, pp. 5-6.

[77] Vide Pereira Coelho, Diogo, *Newsletter – Tributação de Criptoativos...*, op. cit. nota 16, p. 5, & Pereira Coelho, Diogo, *Newsletter – Novo regime de tributação...*, op. cit. nota 16, pp. 7-8.

3.3. Alienação onerosa de criptoativos que constituem valores mobiliários

Segundo a lógica da proposta inicial (que, mais tarde, conforme melhor veremos *infra* no capítulo IV, se manteve com a sua alteração e aprovação), a qualificação enquanto *security token*[78] depende de uma análise casuística e do preenchimento dos respetivos requisitos à luz da legislação aplicável, conforme decorre da posição cautelosa adotada pela CMVM[79]. No caso da transação *a posteriori*, ou seja, da alienação

[78] Também apelidados de *investment tokens*, constituem a classificação de criptoativos que mais situações jurídicas complexas em tudo idênticas às tradicionais *investment securities* apresenta, concretamente na forma tokenizada de «posições de titulares de dívida de empresa, de accionistas ou de titulares de quotas-partes de patrimónios coletivos» (como, por exemplo, o «direito a participar nos lucros de determinada sociedade ou empreendimento ou ativos a constituir, ou direito de voto ou de subscrição de novos ativos em futuras emissões, ou de remissão») ou mesmo de estruturas típicas de contratos derivados que apresentam igualmente cobertura (*hedging*) contra o risco de elevadas variações (sempre que seja possível exercer *a posteriori* «um direito patrimonial de cujo valor depende o valor do ativo adquirido na oferta»). Vide CATARINO, LUÍS GUILHERME, «Inovação financeira e ICOs: mercados privados alternativos?», in *Publicações CEDIPRE Online* – 36, 2019, pp. 22-23, acessível em: https://www.fd.uc.pt/cedipre/wp-content/uploads/pdfs/co/public_36.pdf.

[79] COMISSÃO DO MERCADO DE VALORES MOBILIÁRIOS, «Perguntas e respostas sobre criptoativos destinadas às entidades», in Area do investidor, acessível em: https://www.cmvm.pt/pt/AreadoInvestidor/Faq/Pages/FAQs-Criptoativos_industria.aspx.

onerosa de criptoativos que formalmente constituam valores mobiliários, em princípio, segundo a dita lógica, será aplicável o art. 10.º, n.º 1, al. b), do CIRS, relativo à tradicional alienação onerosa de partes sociais e de outros valores mobiliários.

4. Operações relacionadas com criptoativos – rendimentos de trabalhador independente (categoria B)

A proposta al. o) do n.º 1 do art. 4.º do CIRS[80] apresentou diversas imprecisões (que, mais tarde, conforme melhor veremos *infra* no capítulo IV, se mantiveram com a sua alteração e aprovação). Desde logo, até à data em que o presente livro é redigido, não existe nenhum conceito de mineração de criptoativos na legislação portuguesa. Depois, em bom rigor, a conceito de «mineração» inclui «a validação de transações de criptoativos através de mecanismos de consenso[81]», pelo que a redação da alínea parecia

[80] Vide alínea o), que ora se transcreve: «(o) operações relacionadas com a emissão de criptoativos, incluindo a mineração, ou a validação de transações de criptoativos através de mecanismos de consenso».

[81] Os mecanismos de consenso são definidos no regulamento da EU relativo ao regime-piloto para as infraestruturas de mercado baseadas na tecnologia de registo distribuído como «regras e procedimentos através dos quais se chega a acordo, entre os nós da rede DLT, em como uma transação é válida». Vide nota 6.

e continua a parecer não fazer muito sentido[82]. Não obstante, realizando uma interpretação ampla da incorreta redação, tudo indica que, com a segunda parte da alínea, o legislador português pretende aludir à atividade de *staking*. Como tal, preenchidos os critérios para o efeito, a emissão de criptoativos através de mineração (*mining*) ou a validação de transações de criptoativos através de mecanismos de consenso (*staking*) passou a enquadrar-se como atividades comerciais ou industriais, devendo o rendimento resultante ser tributado no âmbito da categoria B[83].

Conforme melhor veremos no capítulo IV, enquanto o enquadramento da atividade de *mining* na categoria B parece levantar menos problemas (essencialmente devido à estrutura profissional que tal atividade exige, quer em termos de conhecimentos técnicos, quer em termos de encargos com a implementação e manutenção de instalações e *hardware*), o enquadramento da «atividade» de *staking* no âmbito da categoria B levanta bastantes dúvidas, uma vez que os ganhos gerados podem ser qualificados tanto como rendimentos ativos (*staking on-chain*), como passivos (*staking off-chain*). As principais dúvidas residem na apli-

[82] Pereira Coelho, Diogo, *Newsletter – Tributação de Criptoativos...*, op. cit. nota 16, pp. 2-3.

[83] *Ibidem.*

cação dos atuais critérios de apuramento de atividades empresariais/ profissionais a estes novos tipos de atividades[84].

Sucede, ainda, que a nova al. o) do n.º 1 do art. 4.º do CIRS começa por referir «operações relacionadas com a emissão de criptoativos», antes de incluir *mining* e *staking* no pacote. Tal referência à «emissão», intencionalmente ou não, pode vir a abranger «atividades»/ «serviços» que, em princípio, podem não apresentar as caraterísticas técnicas ou funcionais necessárias para preencher os critérios de apuramento de uma atividade profissional ou empresarial como, por exemplo, *airdrop*. Conforme melhor veremos no âmbito do capítulo IV, esta interpretação também não parece razoável, essencialmente pelas características e natureza deste tipo de atividades[85]. Ainda conforme melhor veremos no âmbito do capítulo IV, à semelhança do que sucedia pré-2023, outras operações não relacionadas com a emissão de criptoativos que, em princípio, também podem ser consideradas atividades de cariz profissional ou empresarial como, por exemplo, a «atividade» de *staking on-chain*, de *mining*, de produção e venda de NFTs ou mesmo

[84] Pereira Coelho, Diogo, *Newsletter – Tributação de Criptoativos...*, op. cit. nota 16, p. 3.

[85] Pereira Coelho, Diogo, *Newsletter – Tributação de Criptoativos...*, op. cit. nota 16, pp. 3-4.

de compra e revenda de NTFs, parecem continuar a ser atividades a ter em conta no âmbito da categoria B (dependendo da perspetiva e interpretação)[86].

Existindo o exercício de uma atividade profissional ou empresarial, também à semelhança do que sucedia pré-2023, fica o contribuinte obrigado a cumprir as obrigações declarativas constantes do n.º 6 do art. 3.º do CIRS, ou seja, a emitir uma fatura ou um documento equivalente (fatura-recibo eletrónico), sempre que realize uma venda ou preste um serviço. Em caso de dúvidas no preenchimento, o recibo deve ser preenchido com a informação disponível[87]. A este propósito, refira-se que, no âmbito do regime simplificado, o imposto iria apenas recair sobre uma parte do rendimento bruto anual e não sobre a totalidade. Nesse sentido, conforme consta da proposta de lei (que viria a ser alterada neste ponto), pretendeu-se aplicar o coeficiente de 15% à venda de criptoativos (mercadorias e produtos) e, em princípio, às restantes operações (consideradas prestações de serviços, como *mining* ou *staking*), o coeficiente de 35%.

[86] Pereira Coelho, Diogo, *Newsletter – Tributação de Criptoativos...*, op. cit. nota 16, pp. 3-4.

[87] Pereira Coelho, Diogo, *Newsletter – Tributação de Criptoativos...*, op. cit. nota 16, pp. 4-5.

5. Rendimentos de capitais (categoria E)

Uma vez que a proposta de Orçamento do Estado para 2023 não propôs quaisquer alterações à categoria E no que respeita a rendimentos passivos provenientes de operações relacionadas com criptoativos, durante algum tempo, manteve-se o entendimento pré-Orçamento do Estado para 2023, bem como as múltiplas dúvidas associadas e colocadas no capítulo II. Conforme melhor veremos *infra* no capítulo IV, com a alteração da proposta inicial, este cenário foi finalmente alterado[88].

6. Considerações finais

Expostas estas ideais, ficou patente que o legislador português e as próprias autoridades de regulação e supervisão portuguesas parecem não conseguir assegurar uma clara distinção entre as diversas classificações e subclassificações de criptoativos, tanto em termos legais, como fiscais. Contrariamente ao que se esperava, verificou-se um considerável aumento da importância da cada vez mais complexa e morosa análise casuística, tanto na aferição da atividade em causa,

[88] Pereira Coelho, Diogo, *Newsletter – Tributação de Criptoativos...*, op. cit. nota 16, pp. 6-8.

como na aferição do tipo de criptoativo ou do respetivo enquadramento fiscal[89]. Naquela altura, tudo indicava no sentido de que esta proposta de lei não era adequada aos fins prosseguidos. Tanto não era, que a proposta inicial foi alvo de alterações importantes, alterações essas que viriam, mais tarde, a ser aprovadas no parlamento português e que, hoje, conforme melhor veremos no próximo e último capítulo, constituem as atuais regras de enquadramento fiscal de rendimentos provenientes de operações relacionadas com criptoativos.

[89] PEREIRA COELHO, DIOGO, *Newsletter – Tributação de Criptoativos...*, op. cit. nota 16, pp. 8-9.

Capítulo IV
Alteração e aprovação da proposta de Orçamento do Estado para 2023: introdução ao novo regime de tributação de criptoativos em sede de IRS em Portugal

1. Enquadramento

Conforme já referido anteriormente, o regime de tributação de criptoativos no âmbito do imposto sobre o rendimento de pessoas singulares incluído na proposta de Orçamento do Estado para 2023 foi alterado pela proposta de alteração apresentada no dia 11.11.22 pelo partido político que detém a maioria no parlamento português. Como tal, no dia 23.11.22, essa proposta foi aprovada. Conforme melhor veremos nos pontos seguintes, ao invés da proposta inicial, que incluía graves imprecisões, o novo regime (que, refira-se, ainda está longe de ser perfeito) aparenta responder a algumas questões práticas e apresenta isenções que, eventualmente, parecem poder vir a contribuir para dinamização do desenvolvimento deste setor em Portugal[90].

2. Definições

Para efeitos do atual CIRS, considera-se criptoativo «toda a representação digital de valor ou direitos que possa ser transferida ou armazenada eletronicamente recorrendo à tecnologia de registo distribuído ou outro semelhante», conforme decorre do art. 10.º, n.º 17, do CIRS. Em relação à proposta de Orçamento do Estado para 2023 inicial, esta definição manteve-se e continua a parecer ir ao encontro da posição uniformizadora adotada no Regulamento MiCA (cf. art. 3.º, n.º 2, do CIRS)[91]. Porém, desta vez, à semelhança do que sucede no Regulamento MiCA, o art. 10.º, n.º 18, do CIRS, exclui os NFTs

[90] Vide Pereira Coelho, Diogo, «Alteração da proposta de OE...», op. cit. nota 16 & Pereira Coelho, Diogo, *Newsletter – Novo regime de tributação...*, op. cit. nota 16.

[91] Pereira Coelho, Diogo, *Newsletter – Novo regime de tributação...*, op. cit. nota 16, p. 3.

do conceito de criptoativos, pelo que o problema da abrangência extraordinariamente ampla deixou de se colocar[92]. Por outro lado, não é feita qualquer distinção entre NFTs e F-NFTs, o que, conforme melhor veremos *infra*, levanta alguns problemas. Menos problemático, mas digno de menção, é o facto de continuar a não ser feita qualquer distinção entre criptoativos, em geral, e criptoativos de preço estável (*stablecoins*, dependendo do caso, definidos enquanto *asset-referenced-tokens* ou *e-money tokens* de acordo com o art. 3.º do regulamento MiCA), o que abre algumas portas ao contribuinte em termos de gestão de património privado e, consequentemente, planeamento fiscal.

3. Alienação onerosa de criptoativos – mais-valias (categoria G)

3.1. Alienação onerosa de criptoativos que não constituam valores mobiliários

3.1.1. Criptoativos *lato sensu*

Conforme constava da proposta de Orçamento do Estado inicial, os ganhos provenientes da alienação onerosa de criptoativos que não cons-

[92] PEREIRA COELHO, DIOGO, *Newsletter – Novo regime de tributação...*, op. cit. nota 16, p. 3.

tituam valores mobiliários passam a ser tributados como mais-valias à taxa de 28% para efeito de imposto sobre o rendimento de pessoas singulares. De acordo com o art. 10.º, n.º 19, do atual CIRS, são excluídos os ganhos obtidos, bem como as perdas incorridas, resultantes da alienação onerosa de criptoativos detidos por um período igual ou superior a 365 dias. Também conforme constava da proposta anterior, tal período pode ser contado antes da entrada em vigor da lei (1 de janeiro de 2023), pelo que o novo regime aplica-se à alienação onerosa de criptoativos adquiridos antes e depois de 1 de janeiro de 2023. Com a alteração da proposta inicial, o legislador esclareceu o que entende por «alienação onerosa» para este efeito, ou seja, esclareceu se devemos incluir neste conceito o câmbio de criptoativo por moeda com curso legal e a permuta de criptoativos, ou apenas o primeiro. Conforme analisado nos capítulos I, II e III, a resposta para esta questão resultou da resposta para a questão do momento do nascimento da obrigação tributária[93].

Nos termos do art. 10.º, n.º 20, do CIRS, quando não se aplique a isenção do n.º 19 do

[93] Vide Pereira Coelho, Diogo, *Newsletter – Tributação de Criptoativos...*, op. cit. nota 16; Pereira Coelho, Diogo, «Proposta de OE de 2023..., op. cit. nota 16; Pereira Coelho, Diogo, «Alteração da proposta de OE...», op. cit. nota 16; & Pereira Coelho, Diogo, *Newsletter – Novo regime de tributação...*, op. cit. nota 16.

mesmo artigo (365 dias) e a contraprestação das alienações «assuma a forma de criptoativos, não há lugar a tributação, atribuindo-se aos criptoativos recebidos o valor de aquisição dos criptoativos entregues» e assim sucessivamente. Paralelamente, a cada conversão de criptoativo por outro criptoativo, a contabilização do período de 365 dias inicia de novo. Caso esses criptoativos recebidos venham a ser alvo de câmbio por moeda com curso legal, a mais-valia a tributar será contabilizada com base no valor de aquisição original, independentemente do número de permutas posteriores à aquisição original[94]. É o que resulta do art. 43.º, n.º 6, do CIRS, nos termos do qual são considerados criptoativos alienados os adquiridos há mais tempo (*first in first out rule* – FIFO). Sempre que os criptoativos estejam depositados em mais do que uma instituição de crédito, sociedade financeira ou prestador de serviço de criptoativos, a regra prevista no n.º 6, do CIRS, é aplicável por referência a cada uma dessas entidades (cf. art. 43.º, n.º 7, do mesmo diploma)[95]. Em teoria, tudo indica que, sempre que o contribuinte esteja satisfeito com os ganhos em criptoativos, basta converter esses

[94] Pereira Coelho, Diogo, *Newsletter – Novo regime de tributação...*, op. cit. nota 16, pp. 4-6.

[95] Pereira Coelho, Diogo, *Newsletter – Novo regime de tributação...*, op. cit. nota 16, p. 5.

ganhos para determinada *stablecoin* (com vista à estabilização do valor e mitigação do risco de volatilidade) e aguardar 365 dias para proceder ao câmbio da *stablecoin* para moeda fiduciária e, em princípio, sem ter de pagar qualquer imposto (sendo este, no fundo, o resultado de o legislador português ter optado por não distinguir as *stablecoin* dos criptoativos em geral)[96].

A este propósito, refira-se que, nos termos do art. 10.º, n.º 4, al. a), do CIRS, em geral, o valor dos rendimentos qualificados como mais-valias (cf. art. 43.º, n.º 1, do mesmo diploma) e sujeito a imposto sobre o rendimento «é constituído pela diferença entre o valor de realização e o valor de aquisição». Ao valor de aquisição acrescem as despesas necessárias e efetivamente suportadas e inerentes à aquisição e alienação (cf. art. 51.º, n.º 1, al. b), do CIRS)[97]. Segundo o art. 43.º, n.º 5, do CIRS, para o apuramento do valor sujeito a imposto sobre o rendimento não relevam as perdas apuradas quando a contraparte da operação estiver sediada num dos países, territórios ou regiões com um regime fiscal claramente mais favorável (e listados de acordo com os critérios estabelecidos pelo art. 63.º-D,

[96] Pereira Coelho, Diogo, *Newsletter – Novo regime de tributação...*, op. cit. nota 16, p. 5.

[97] *Ibidem.*

n.ºs 1 ou 5, da LGT)[98]. Neste âmbito, destaque para a cláusula anti-abuso que estabelece a inaplicabilidade das isenções resultantes dos n.ºs 19 e 20 do art. 10.º do CIRS, a pessoas ou entidades residentes em Estados ou jurisdição com a qual não esteja em vigor convenção, acordo bilateral ou multilateral que preveja a troca de informações para fins fiscais (cf. art. 10.º, n.º 21, do mesmo diploma)[99]. Por fim, de acordo com o disposto no art. 10.º, n.º 22, do CIRS, a perda da qualidade de residente em território português é equiparada a uma alienação onerosa (*exit tax*). Neste caso, «o rendimento é determinado pela diferença positiva entre o valor de mercado à data da perda da qualidade de residente e o valor de aquisição, acrescido das importâncias necessárias e efetivamente suportadas inerentes à aquisição» (cf. art. 43.º, n.º 10, do mesmo diploma)[100].

[98] Pereira Coelho, Diogo, *Newsletter – Novo regime de tributação...*, op. cit. nota 16, pp. 5-6.

[99] Pereira Coelho, Diogo, *Newsletter – Novo regime de tributação...*, op. cit. nota 16, p. 6.

[100] *Ibidem.*

3.1.2. Criptoativos únicos e não fungíveis e criptoativos únicos e não fungíveis fracionados: NFTs & F-NFTs

Nos termos do novo n.º 18 do art. 10.º do CIRS (introduzido pela alteração da proposta de Orçamento do Estado para 2023), os criptoativos únicos e não fungíveis encontram-se excluídos do conceito geral de criptoativo constante do n.º 17 do mesmo artigo. Não fosse este o caso, em virtude do conceito extraordinariamente amplo de criptoativos, os ganhos provenientes da venda de NFT como, por exemplo, *digital collectibles* (arte digital em NFT) ou, até, itens de jogos on-line em NFT, podiam vir a estar sujeitos a tributação no âmbito da categoria G, o que, conforme *supra* exposto no capítulo III, na altura da publicação da primeira proposta levantou inúmeras questões[101]. Neste ponto, cabe ao legislador questionar se os NFTs deverão ser tratados todos por igual ou se, eventualmente, será necessário ter em conta a natureza dos direitos que são digitalmente representados[102]. A título de exemplo, questiona-se se devemos tratar meros *digital collectibles*, ou *utility* NFTs, da mesma forma que *digital real estate* NFTs ou

[101] PEREIRA COELHO, DIOGO, *Newsletter – Novo regime de tributação...*, op. cit. nota 16, p. 6.

[102] *IBIDEM*.

F-NFTs (e, já agora, se essa falta de diferenciação pode ou não implicar consequências para a segurança do comércio jurídico e, eventualmente, gerar irreparáveis disfunções e distorções no sistema económico-financeiro).

Até porque existe uma modalidade de NFTs que, porventura, possa estar abrangida pelo conceito geral de criptoativo. Nomeadamente, os F-NFTs (como, por exemplo, F-NFTs resultantes de *real estate tokenization* em jeito de REIT ou, mesmo, F-NFTs em jeito de certificado digital de titularidade de determinada representação digital de direitos de *streaming* de determinada música[103]), pois podem são ser considerados «únicos» ou «infungíveis»[104]. Os F-NFTs consistem num NFT que foi dividido em múltiplas partes, podendo cada uma dessas partes ser titulada por um proprietário diverso. Em geral, a «fracionalização» ocorre via *smart contracts* que, por sua vez, gera um determinado número de *tokens* conectados ao original com vista à venda dos mesmos[105]. Sucede que esta «fracionalização»

[103] Vide Pereira Coelho, Diogo, «NFTs na indústria da música..., cit. op. nota 63.

[104] Vide Kore Partners, *Q&A on the Portuguese new crypto-assets tax regime for 2023*, Insights, 2022, acessível em: https://www.korepartners.com/insights/https/faq-on-the-portuguese-new-crypto-assets-tax-regime-for-2023.

[105] Pereira Coelho, Diogo, *Newsletter – Novo regime de tributação...*, op. cit. nota 16, pp. 6-7.

pode ser revertida, e aquilo que deixou de ser «único» e «infungível», pode voltar a ser. Em determinados casos, o *smart contract* pode estabelecer uma opção de *buyout* que permite ao investidor adquirir as restantes fracções por determinado preço. Por outro lado, também pode estabelecer uma opção de *buyback* que permite ao titular do NFT original voltar a adquir as fracções numa espécie de leilão virutal. Este dado dificulta o enquadramento fiscal deste tipo de ativos e deixa algumas dúvidas que, para já, permanecem sem resposta[106].

3.1.3. Metaverse: digital real rstate NFTs

Imagine-se que, a curto prazo, é criada uma espécie de sociedade virtual paralela no metaverso e, com isso, são criados e emitidos ativos digitais que, de forma virtual, representam todos os objetos possíveis e existentes, cidades, regiões, países ou mesmo mundos inteiros e todos conectados[107]. Imagine ainda que, no âmbito desse mundo virtual, é possível comprar e vender

[106] Pereira Coelho, Diogo, *Newsletter – Novo regime de tributação...*, op. cit. nota 16, pp. 6-7.

[107] Vide Pereira Coelho, Diogo, «Metaverse: devem os reguladores estar mais atentos do que nunca?», in *Observador*, 2021, acessível em: https://observador.pt/opiniao/metaverse-devem-os-regula dores-estar-mais-atentos-do-que-nunca/.

digital real estate NFTs. Pois bem, não é preciso imaginar. Este tipo de negócios já é praticado há alguns anos e envolve valores astronómicos como, por exemplo, os negócios praticados no âmbito do *user-owned virtual world* da Decentraland[108], que foi construído com recurso à tecnologia *blockchain* da Ethereum e permite aos utilizadores interagir no metaverso e adquirir e vender *digital real estate* NFTs com os criptoativos também emitidos pela própria plataforma (MANA *tokens*)[109]. Neste caso, estamos perante *asset-backed-tokens* representativos de valores imobiliários digitais (no âmbito do metaverso). A alienação onerosa desse tipo de NFT aparenta implicar efetivamente a perda parcial ou total da substância, conforme sucede, aliás, no caso do tradicional regime de compra e venda de imóveis. Porém, perante a exclusão de NFTs do âmbito de aplicação da categoria G, tudo indica

[108] Página de internet da Decentraland, acessível em: https://decentraland.org/.

[109] Vide a este respeito COINTELEGRAPH, «A beginner's guide to buying virtual real estate in Decentraland (MANA)», in *Guide Menu*, acessível em: https://cointelegraph.com/learn/a-beginners-guide-to-buying-virtual-real-estate-in-decentraland-mana; Vide ainda a notícia «Why metaverse real estate is selling for millions», publicada pela Euronews em 09.11.22, acessível em: https://www.euronews.com/next/2022/11/09/why-metaverse-real-estate-is-selling-for-millions; & a notícia «Virtual real estate plot sells for record $2.4 million», publicada pela Reuters em 23.11.21, acessível em: https://www.reuters.com/markets/currencies/virtual-real-estate-plot-sells-record-24-million-2021-11-23/.

que, para já, este tipo de negócios não está sujeito a tributação (a não ser que estejamos perante alguma forma de F-NFTs)[110].

Uma vez que os criptoativos únicos e não fungíveis encontram-se excluídos do conceito geral de criptoativo constante do n.º 17 do art. 10.º do CIRS, tudo indica que, neste momento, quaisquer mais-valias provenientes da compra e venda de NFTs *stricto sensu* não se encontra sujeito a tributação em sede de categoria G, inclusive as mais-valias provenientes da compra e venda de *digital real estate* NFTs[111].

3.2. Alienação onerosa de criptoativos que constituam valores mobiliários: *security tokens*

Tal como no âmbito dos tradicionais instrumentos financeiros mobiliários, também a aquisição de *security tokens* visa a persecução de lucro, podendo esse lucro decorrer da sua alienação onerosa (em jeito de *venture capital*)[112]. Conforme *supra* referido no capítulo III, segundo a lógica da proposta inicial (que se manteve

[110] Pereira Coelho, Diogo, *Newsletter – Novo regime de tributação...*, op. cit. nota 16, p. 7.

[111] *Ibidem.*

[112] Pereira Coelho, Diogo, *Newsletter – Novo regime de tributação...*, op. cit. nota 16, pp. 7-8.

com a sua alteração e aprovação), a qualificação enquanto *security token* depende de uma análise casuística e do preenchimento dos respetivos requisitos à luz da legislação aplicável, conforme decorre, aliás, da posição cautelosa adotada pela CMVM[113]. Como tal, no caso da transação *a posteriori*, ou seja, da alienação onerosa de criptoativos que formalmente constituam valores mobiliários, em princípio, segundo a dita lógica, será aplicável o art. 10.º, n.º 1, al. b), do CIRS, relativo à tradicional alienação onerosa de partes sociais e de outros valores mobiliários[114].

4. Operações relacionadas com criptoativos – rendimentos de trabalhador independente (categoria B)

4.1. Operações relacionadas com a emissão de criptoativos

4.1.1. Âmbito

Conforme exposto no capítulo III, nos termos da nova al. o) do n.º 1 do art. 4.º do CIRS[115],

[113] Comissão do Mercado de Valores Mobiliários, «Perguntas e respostas...», op. cit. nota 80.

[114] Pereira Coelho, Diogo, *Newsletter – Novo regime de tributação...*, op. cit. nota 16, p. 8.

[115] Vide alínea o), que ora se transcreve: «(o)perações relacionadas com a emissão de criptoativos, incluindo a mineração, ou a validação de transações de criptoativos através de mecanismos de consenso».

preenchidos os critérios para o efeito, a emissão de criptoativos através de mineração (*mining*) ou a validação de transações de criptoativos através de mecanismos de consenso (*staking*) passam a enquadrar-se como atividades comerciais ou industriais[116]. Com a alteração da proposta inicial, esparava-se que a al. o) do n.º 1 do art. 4.º do CIRS tivesse sido alterada para, por exemplo, «(o)perações relacionadas com a emissão de criptoativos, incluindo a mineração '*ou outras operações de*' validação de transações de criptoativos através de macanismos de consenso». A ausência do conceito de «mineração» e de «validação de transações de criptoativos através de mecanismos de consenso»[117] (que, no fundo, é uma das caraterísticas funcionais da mineração) continua igualmente a fazer-se notar[118].

Além disso, conforme exposto no capítulo anterior e melhor veremos *infra*, intencionalmente ou não, com a específica referência à «emissão», esta nova alínea continua a poder incluir atividades que, em princípio, podem não apresentar as caraterísticas funcionais necessárias para preencher os critérios de apuramento

[116] Pereira Coelho, Diogo, *Newsletter – Tributação de Criptoativos...*, op. cit. nota 16, pp. 2-3; & Pereira Coelho, Diogo, *Newsletter – Novo regime de tributação...*, op. cit. nota 16, p. 9.

[117] Vide nota 6 e 81.

[118] Pereira Coelho, Diogo, *Newsletter – Novo regime de tributação...*, op. cit. nota 16, p. 9.

de uma atividade profissional ou empresarial como, por exemplo, *airdrop*[119]. Em todo o caso, conforme exposto nos capítulos II e III, existindo o exercício de uma atividade profissional ou empresarial, fica o contribuinte obrigado a cumprir as obrigações declarativas constantes do n.º 6 do art. 3.º do CIRS, ou seja, a emitir uma fatura ou um documento equivalente (fatura-recibo eletrónico), sempre que realizar uma venda ou prestar um serviço[120].

Relativamente à determinação do rendimento tributável, no âmbito do regime simplificado, o imposto recai apenas sobre uma parte do rendimento bruto anual e não sobre a totalidade. Nos termos do art.º 31.º, n.º 1, do CIRS, a determinação do rendimento tributável obtém-se através da aplicação dos coeficientes de 0,15 às operações com criptoativos, conforme prevê a al. a) do n.º 1 e, separadamente, de 0,95 aos rendimentos provenientes da mineração de criptoativos (considerada uma prestação de serviços), conforme prevê a al. d) do n.º 1. Também conforme mencionado no capítulo III, tudo indica que «operações com criptoativos» podem incluir

[119] Pereira Coelho, Diogo, *Newsletter – Novo regime de tributação...*, op. cit. nota 16, p. 9.

[120] Costa Ramos, Vânia, & Pereira Coelho, Diogo, *Breves Obser...*, cit. op. cit. nota 16, p. 3; Pereira Coelho, Diogo, *Newsletter – Tributação de Criptoativos...*, op. cit. nota 16, pp. 4-5; & Pereira Coelho, Diogo, *Newsletter – Novo regime de tributação...*, op. cit. nota 16, p. 12.

operações de «emissão» e de «não emissão» como, por exemplo, *staking on-chain*, *airdrop*, *trading*, etc[121]. Por outro lado, conforme decorre do art. 31.º, n.º 17, do CIRS, em ambas as alíneas, tanto na a), como na d), o facto gerador do tributo coincide com o momento do câmbio do criptoativo por moeda fiduciária, ou seja, com o momento da alienação onerosa do criptoativo[122], aplicando-se, com as devidas adaptações, o previsto no n.º 20 do art. 10.º do mesmo diploma (categoria G). Neste caso, «com as devidas adaptações» significa que se aplica apenas a isenção de criptoativo por criptoativo (permuta) e que não se aplica a isenção dos 365 dias prevista no n.º 19 do mesmo art. 10.º do CIRS (o que retira alguma margem no planeamento fiscal). Por fim, em jeito de *exit tax*, a cessação de atividade e a perda da qualidade de residente em território português passa a ser equiparada à alienação onerosa de criptoativos para moeda fiduciária (cf. art. 31.º, n.º 18, als. a) e b), do CIRS). Cumpre agora analisar as principais operações relacionadas com criptoativos (de emissão ou não) susceptíveis de serem enquadráveis enquanto atividades profissionais ou empresariais no âmbito da categoria B ao abrigo do novo Orçamento do Estado para 2023.

[121] PEREIRA COELHO, DIOGO, *Newsletter – Novo regime de tributação...*, op. cit. nota 16, p. 9.

[122] PEREIRA COELHO, DIOGO, *Newsletter – Novo regime de tributação...*, op. cit. nota 16, p. 10.

4.1.2. *Mining*

No caso de *mining*, a remuneração em criptoativos resulta do funcionamento da respetiva *blockchain* (rede descentralizada de registo, tratamento e armazenamento eletrónico de dados[123]). A rede/ base de dados é distribuída e repartida entre inúmeros computadores, sendo, por isso, atualizada e registada por várias unidades de processamento que, de forma conectada, verificam a veracidade de todas as inscrições ocorridas através de uma espécie de cruzamento seguro de dados que é apelidado de «mecanismo de consenso» (no caso da Bitcoin, apelidado de *proof of work*)[124]. É essa verificação de veracidade de inscrições (cuja eficácia e eficiência resulta da capacidade, quantidade e qualidade do *hardware/ software* disponível) que é apelidada de *mining* e da qual resulta a dita remuneração em criptoativos. Os principais gastos da «atividade de mineração» resultam do investimento inicial necessário nos equipamentos informáticos, os contínuos consumos de energia com o

[123] Vide nota 6.

[124] Vilaça Pacheco, António, in *Bitcoin*, Editora Self, 1.ª Edição, 2018, pp. 73-74. A propósito da atividade de mining, vide ainda Silva Ramalho, David, «Branqueamento e Bitcoin: uma introdução», in *Revista do Ministério Público*, n.º 162, Abril – Junho 2020, acessível em: https://rmp.smmp.pt/wp-content/uploads/2020/08/4.RMP_162_DavidRamalho_NunoMatos_3PAG.pdf.

funcionamento e a refrigeração dos processadores, e a locação/ aquisição do espaço necessário para a colocação dos processadores. Muito resumidamente, estamos perante um procedimento de atualização de rede descentralizada de registo de dados via verificação/ validação universal de novas inscrições, assente num princípio de consenso multilateral.

Conforme referido no capítulo III, o enquadramento da atividade de *mining* na categoria B não levanta grandes problemas, essencialmente devido à estrutura profissional que tal atividade exige, quer em termos de conhecimentos técnicos, quer em termos de encargos com a implementação e manutenção de instalações e *hardware*[125].

4.1.3. *Staking on-chain*

O enquadramento da «atividade» de *staking* no âmbito da categoria B levanta bastantes dúvidas. Em termos amplos, *staking* constitui uma forma de receber recompensas por deter (*holding*) determinados criptoativos, que por sua vez são utilizados para efeito de validação de transações através de mecanismos de consenso. Porém, na prática, existem duas classificações distintas: *staking on-chain* e *staking off-chain* (e ambas es-

[125] Pereira Coelho, Diogo, *Newsletter – Novo regime de tributação...*, op. cit. nota 16, p. 10.

tas classificações podem incluir outras subclassificações, o que pode tornar a análise bastante complexa)[126]. Em geral, caso o contribuinte utilize o próprio *hardware* para validar transações diretamente no âmbito de determinada rede descentralizada (*on-chain*), o que requer um investimento mínimo inicial, conhecimentos técnicos e a existência de uma estrutura profissional que gera encargos (por exemplo, com um computador ligado 7 dias por semana e 24 horas por dia, sem tempo de inatividade e sempre disponível para validar transações sob pena de ser removido enquanto «validador»), é possível considerar que estamos perante um rendimento ativo enquadrável no âmbito da categoria B[127].

4.1.4. *Airdrop*

No que respeita à «atividade» de *airdrop*, apesar de não existir um conceito definido na legislação portuguesa, em regra, consiste na emissão/distribuição gratuita (uma vez que os beneficiários não pagam, nem prestam qualquer serviço em troca) de determinado criptoativo (ou, pelo menos, de determinada porcentagem) por

[126] PEREIRA COELHO, DIOGO, *Newsletter – Novo regime de tributação...*, op. cit. nota 16, p. 10.

[127] *IBIDEM.*

determinada comunidade de beneficiários (como se estivéssemos perante uma espécie de *private placement* gratuita), em jeito de compensação pela lealdade (*reward*) ou como incentivo à participação no projeto dessa plataforma (ou ecossistema de plataformas). A qualidade de beneficiário adquire-se pelo cumprimento de determinado requisito que tenha sido estipulado para o efeito (como, por exemplo, possuir ou adquirir um determinado número de um determinado criptoativo, disponibilizar determinada informação ou realizar determinada tarefa promocional), essencialmente com vista à promoção desse projeto e da consequente angariação de fundos que possa resultar exatamente dessa estratégia de marketing.

Como tal, a não ser que estejamos perante a realização de determinada tarefa promocional exercida de forma estável e regular e que gera encargos, tudo indica que não estamos perante uma atividade profissional ou empresarial, enquadrável no âmbito da catagoria B, mas sim perante uma aplicação financeira de criptoativos que gera um rendimento passivo (esporádico e irregular), possivelmente enquadrável no âmbito da categoria E, conforme melhor veremos *infra*[128]. E ainda que assim não se considere, ou

[128] Pereira Coelho, Diogo, *Newsletter – Novo regime de tributação...*, op. cit. nota 16, p. 10.

melhor, ainda que se entenda que estamos perante um ato comercial isolado, muitas vezes não se verifica sequer a intenção por parte do contribuinte de obter a qualidade de beneficiário (o que pode suceder de forma fortuita e casual, simplesmente por deter um determinado número dos criptoativos em questão, sem ser, sequer, do seu conhecimento), pelo que também não se verifica, sequer, a orientação da «atividade» à obtenção de lucro[129].

4.2. Outras operações relacionadas com criptoativos

4.2.1. Âmbito

Conforme *supra* referido no capítulo III, não é feita qualquer menção a outras operações não relacionadas com a emissão de criptoativos que, em princípio, também podem ser consideradas atividades de cariz profissional ou empresarial como, por exemplo, a atividade de *trading*, de produção e venda de NFTs ou, mesmo, de compra e revenda de NTFs (no caso de preencherem os critérios para o efeito, claro). Nesse sentido,

[129] Pereira Coelho, Diogo, *Newsletter – Novo regime de tributação...*, op. cit. nota 16, p. 11.

nos pontos seguintes serão levantadas algumas hipóteses.

4.2.2. *Trading*

Em teoria, tudo indica que sempre que um contribuinte exerça uma atividade de *trading* de criptoativos, isto é, uma atividade de compra e venda de criptoativos (câmbio de criptoativos por moeda fiduciária ou por outros criptoativos) com manifesto caráter de habitualidade e com clara orientação da atividade à obtenção de lucro, eventualmente poderá ser enquadrado no âmbito da categoria B, (conforme o entendimento que era seguido pré-Orçamento do Estado para 2023 no que respeita à «compra e venda de unidades monetárias virtuais/ troca ao câmbio do momento de cripto-moeda por moeda real»)[130].

4.2.3. Produção e venda de NFTs

Teoricamente, no caso de o titular realizar uma atividade habitual e orientada à obtenção de lucro de produção de NFTs com intenção

[130] Pereira Coelho, Diogo, *Newsletter – Novo regime de tributação...*, op. cit. nota 16, p. 11.

de gerar rendimento através da venda de NFTs, isto é, do câmbio de NFT por moeda fiduciária ou, mesmo, por criptoativos, eventualmente estamos perante uma atividade empresarial ou profissional e, como tal, os ganhos obtidos em função dessa atividade eventualmente são enquadráveis no âmbito da categoria B[131]. Atenção que, em determinados casos, a atividade habitual e estável de produção e venda de NFTs pode constituir o titular originário numa situação jurídica em tudo semelhante ao titular originário de direitos de autor, pelo que os rendimentos provenientes (como, por exemplo, em jeito de *royalties*) parecem poder ser enquadrados enquanto rendimentos de propriedade intelectual (categoria B)[132].

4.2.4. Compra e revenda de NFTs

Em teoria, todos os outros titulares posteriores cuja atividade habitual e estável consista na compra e revenda de NFTs e, por exemplo, realizem revendas pelas quais, em jeito de comissão, recebam outros NFTs ou criptoativos ou, em jeito de *royalties*, uma porcentagem de criptoativos via *smart contracts*, em princípio, podem

[131] Pereira Coelho, Diogo, *Newsletter – Novo regime de tributação...*, op. cit. nota 16, p. 11.

[132] *Ibidem.*

igualmente ser enquadrados enquanto rendimentos de propriedade intelectual (categoria B). Conforme melhor veremos *infra*, dependendo do caso, este tipo de remuneração em jeito de *royalties*, eventualmente, pode ser confundido com NFT *dividends*, pelo que cumpre analisar detalhadamente a estrutura de remuneração relativa ao NFT em questão[133].

5. Remuneração passiva decorrente de operações relativas a criptoativos – rendimentos de capitais (categoria E)

5.1. Âmbito

Entre as principais alterações introduzidas pelo legislador, destacam-se as alterações introduzidas na categoria E. Apesar de a referência a «(q)uaisquer formas de remuneração decorrentes de operações relativas a criptoativos» constante da al. u) do n.º 2 do art. 5.º do CIRS, parecer abarcar a remuneração em moeda fiduciária e em criptoativos, o art. 5.º, n.º 11, do mesmo diploma, exclui a tributação de remuneração em criptoativos do âmbito da categoria E e estabelece o momento da alienação onerosa (venda/

[133] Pereira Coelho, Diogo, *Newsletter – Novo regime de tributação...*, op. cit. nota 16, p. 12.

conversão dos criptoativos obtidos por moeda fiduciária) como o facto gerador do tributo. No ecossistema de DeFi são raros os casos em que as são pagas remunerações diretamente em moeda fiduciária. Na maioria dos casos, a remuneração é paga em porcentagens de criptoativos. Neste sentido, todos os rendimentos em criptoativos que, até ao presente ano de 2022, em teoria, podiam ser enquadrados e tributados no âmbito da categoria E (como, por exemplo, os provenientes de *airdrop*, *staking off-chain*, *mining-apps*, *lending*, *yield farming*, *liquidity mining*, NFT *staking*, *crypto savings accounts*, etc.), continuam a ser enquadrados na categoria E, mas passam a ser tributados apenas no momento da alienação onerosa (cf. art. 10.º, n.º 20, do CIRS)[134].

Isto, caso não seja aplicável a isenção relativa «a criptoativos detidos por um período igual ou superior a 365 dias» prevista no art. 10.º, n.º 19, do CIRS. Entre o âmbito de aplicação da primeira e da segunda isenção, tudo indica que o contribuinte passa a beneficiar de «alguma» margem de manobra na gestão do seu património privado e aplicações financeiras em cripto[135]. Neste sentido, estabelece o art. 101.º-B, n.º 5, do CIRS, que os rendimentos previstos na al. u) do

[134] Pereira Coelho, Diogo, *Newsletter – Novo regime de tributação...*, op. cit. nota 16, pp. 12-13.

[135] Pereira Coelho, Diogo, *Newsletter – Novo regime de tributação...*, op. cit. nota 16, p. 13.

n. 2 do art. 5.º do mesmo diploma, estão dispensados de retenção na fonte, sem prejuízo dos rendimentos constantes da al. a) do n.º 1 do art. 71.º também do mesmo diploma, ou seja, «(os) rendimentos de capitais obtidos em território português, por residentes ou não residentes, pagos por ou através de entidades que aqui tenham sede, direção efetiva ou estabelecimento estável a que deva imputar-se o pagamento e que disponham ou devam dispor de contabilidade organizada».

Depois de enquadrado este tipo de rendimento em termos gerais, cumpre agora analisar as principais operações relativas a criptoativos que geram rendimentos passivos susceptíveis de serem enquadráveis enquanto rendimentos de capital no âmbito da categoria E e nos termos da nova al. u) do n.º 2 do art. 5.º do CIRS.

5.2. *Security tokens*

Conforme *supra* referido, segundo a lógica da proposta inicial (que se manteve com a sua alteração e aprovação), a qualificação enquanto *security token* depende de uma análise casuística e do preenchimento dos respetivos requisitos à luz da legislação aplicável, conforme decorre da posição cautelosa adotada pela CMVM[136]. Ainda

[136] Comissão do Mercado de Valores Mobiliários, «Perguntas e respostas..., op. cit. nota 79.

conforme *supra* exposto, a aquisição de *security tokens* (formalmente qualificados enquanto tal) poderá ter como objetivo a persecução de lucro, podendo esse lucro decorrer da sua alienação onerosa *a posteriori*. Sucede que esse lucro pode ainda decorrer de uma remuneração passiva (periódica ou única) ou de outras vantagens derivadas da atividade económica de terceiros ou do exercício de direitos económicos que lhe são inerentes[137]. Até porque, à semelhança do que sucede com os tradicionais valores mobiliários, é possível distinguir as diversas subclassificações que os *security tokens* podem apresentar. Entre outras, destacam-se as subclassificações de *equity tokens* e *debt tokens*.

5.2.1. *Equity token dividend*

A detenção da subclassificação de *equity token*[138], pode conferir ao seu *holder* uma posição semelhante à de um acionista, sendo comparável a ações (*commun stock*)[139], já que repre-

[137] Pereira Coelho, Diogo, *Newsletter – Novo regime de tributação...*, op. cit. nota 16, p. 14.

[138] Passíveis de ser emitidos em mercado primário, as STOs de *equity tokens* são vulgarmente apelidadas de *equity token offering* (ETO), designação que reflete ab initio a natureza deste criptoativo.

[139] A este respeito, vide Oliveira Ascenção, José de, «As Acções», in *Direito dos Valores Mobiliários II*, Coimbra Editora, 2000, p. 61;

senta a percentagem da entidade a que estão associadas (neste caso, da plataforma/ projeto *blockchain*)[140]. Por outras palavras, este *token* consiste numa representação digital do direito de participação de capital de determinada *blockchain* que não confere simplesmente o direito sobre determinada percentagem de criptoativos em jeito de *reward* (como, por exemplo, por usufruir de determinado serviço), mas sim um direito de receber uma espécie de dividendo e, em determinados casos, até o direito de voto, como se o *holder* de um verdadeiro accionista se tratasse (sendo que, neste caso, os *equity tokens* são vulgarmente apelidados de *governance tokens*)[141].

Coutinho de Abreu, Jorge Manuel, in *Curso de Direito Comercial, Das Sociedades II*, 4.ª Ed., Almedina, 2011, p. 224; & Engrácia Antunes, José, in *Direito das Sociedades*, 5.º Ed., Porto, 2015, p. 345.

[140] Pereira Coelho, Diogo, *Newsletter – Novo regime de tributação...*, op. cit. nota 16, pp. 14.

[141] Vide Henderson, Andrew, Burnie, James, & Thornborough, Jack, «Issuing Equity Tokens on the Blockchain – Legal reimagining», in *Eversheds Sutherland Occasional Paper*, BIR_LIT\6594835\1, 2019, p. 1, acessível em: https://wiki.hyperledger.org/download/attachments/16323300/equity-blockchain-2030.pdf?version=1&modificationDate=1567767512000&api=v2. A *on-chain governance* (que funciona através de *smart contracts/ blockchain-based voting systems*) permite a todos os *holders* de *governance tokens*, de forma ativa, participar na administração e gestão corrente da plataforma, ou seja, permite colaborar, debater e votar. As decisões de investimento são, assim, tomadas coletivamente através da comunicação digital dos *holders* via *smart contracts/ blockchain*, correspondendo cada *governance token* a um direito de voto. Vide CoinMarketCap, «Governance

No caso de determinado *equity token* (formalmente qualificados enquanto tal) conferir ao seu *holder* direito sobre determinada percentagem do lucro gerado em jeito de dividendos, em princípio, segundo a lógica até agora exposta, será aplicável o tradicional art. 5.º, n.º 2, al. h), do CIRS, que consagra como rendimentos de capitais sujeitos a incidência de imposto sobre o rendimento de pessoas singulares os lucros colocados à disposição dos respetivos associados. No caso de determinado *token*, que represente uma situação jurídica complexa conforme descrito nos parágrafos anteriores, não ser oficialmente reconhecido como valor mobiliário, tudo indica que os rendimentos passivos provenientes deverão ser tributados nos termos da nova al. u) do n.º 2 do art. 5.º do CIRS.

5.2.2. *Debt token interest*

Conforme o nome indica, *debt tokens* representam uma das diversas subclassificações de

Token», in *Alexandria*, Glossary, acessível em: https://coinmarketcap.com/alexandria/glossary/governance-token; & RUDE JENSEN, JOHANNES, *How Decentralized is the Governance of Blockchain-based Finance: Empirical Evidence from four Governance Token Distributions*, ResearchGate, 2021, acessível em: https://www.researchgate.net/publication/349492121_How_Decentralized_is_the_Governance_of_Blockchain-based_Finance_Empirical_Evidence_from_four_Governance_Token_Distributions.

security tokens, cuja estrutura financeira apresenta similitudes com ativos como títulos de crédito (*bonds*), empréstimos (*loans*), hipotécas (*mortgages*)[142]. Os juros pagos em porcentagens de criptoativos são a principal fonte de rentabilidade. Em virtude da natureza deste tipo de *digital assets*, a avaliação da dívida pode sofrer alterações drásticas num período extremamente curto de tempo (em virtude do também volátil *credit risk*)[143]. Tal como sucede nos mercados tradicionais, estas plataformas *blockchain* permitirem a mitigação do risco através da tokenização de *collateralized debt obligations* (CDOs), cujos CDO *tokens* são administrados de forma automatizada, i.e. através de *smart contracts*[144].

Na hipótese de determinado *debt token* (formalmente qualificados enquanto tal) conferir ao seu *holder* direito sobre determinada porcentagem de juros ou outras formas de remuneração, em princípio, segundo a lógica até agora exposta, será aplicável o tradicional art. 5.º, n.º 2, al. c),

[142] Vide a este respeito Silva Dias, António, *Financiamento de Sociedades por Emissão de Obrigações*, Quid Juris, 2002, p. 73. Por outro lado, à semelhança do caso das ETO, também as STOs desta subclassificação de criptoativos em mercado primário pode (ou devia de) adoptar uma designação que reflita a sua natureza específica, concretamente *debt token offering* (DTO).

[143] Rodriguez, Jesus, «Security Token 2.0 Protocols: Debt Tokens», *Hackernoon*, 2018, acessível em: https://hackernoon.com/security-token-2-0-protocols-debt-tokens-af17d5c91a25.

[144] *Ibidem*.

do CIRS, que consagra como rendimentos de capitais sujeitos a incidência de imposto sobre o rendimento de pessoas singulares os «juros, os prémios de amortização ou de reembolso e as outras formas de remuneração de títulos da dívida pública, obrigações, títulos de participação, certificados de consignação, obrigações de caixa ou outros títulos análogos, emitidos por entidades públicas ou privadas, e demais instrumentos de aplicação financeira, designadamente letras, livranças e outros títulos de crédito negociáveis, enquanto utilizados como tais». Tal como no caso anterior, no caso de determinado *token*, que represente uma situação jurídica complexa conforme descrito neste ponto, não ser oficialmente reconhecido como valor mobiliário, tudo indica que os rendimentos passivos provenientes deverão ser tributados nos termos da nova al. u) do n.º 2 do art. 5.º do CIRS.

5.3. *Staking off-chain*

No caso de o contribuinte não utilizar o próprio *hardware* e utilizar simplesmente determinada plataforma de negociação de criptoativos (como, por exemplo, a Binance[145] ou a

[145] BINANCE, «How to Get the Most Out of Your Crypto With Auto-Staking on Binance», in *Binance Blog*, acessível em: https://www.

Coinbase[146], à qual pode simplesmente aceder via dispositivo móvel) para fazer uma aplicação temporária de criptoativos apelidada de *staking* e obter os respetivos frutos (*off-chain*), em princípio, é possível considerar que estamos perante um rendimento passivo e como tal, enquadrável no âmbito da categoria E. Os ganhos obtidos via *staking off-chain* parecem resultar do funcionamento da plataforma (que utiliza os ativos aplicados para validar as transações) e não do exercício de uma atividade pelo titular dos criptoativos aplicados[147]. A vantagem económica não implica a perda parcial ou total da sua substância.

Neste ponto, convém ainda distinguir as remunerações provenientes da atividade de *staking* das remunerações provenientes de *holding* de *security tokens*. A primeira, resulta da aplicação *off-chain* (e *on-chain*, dependendo da perspetiva e interpretação) de criptoativos para efeitos de validação de transações através do mecanismo de consenso. A segunda, resulta da mera detenção de *security tokens* que representam situações jurí-

binance.com/en/blog/earn/how-to-get-the-most-out-of-your-crypto-with-autostaking-on-binance-1246765608775731115.

146 Coinbase, «What is staking?», in *Learn – Crypto Basics*, acessível em: https://www.coinbase.com/pt-PT/learn/crypto-basics/what-is-staking.

147 Pereira Coelho, Diogo, *Newsletter – Novo regime de tributação...*, op. cit. nota 16, pp. 13-14.

dicas complexas em tudo idênticas aos tradicionais instrumentos financeiros.

5.4. *Mining-apps* & DApps

No caso de *mining apps*, não estamos perante o exercício de qualquer atividade profissional, mas sim perante a obtenção de frutos (rendimento passivo) que resultam do normal funcionamento automático de determinada aplicação móvel. Na maioria dos casos, este tipo de «atividade» não requer, sequer, qualquer tipo de aplicação financeira inicial, quer em criptoativos, quer em moeda com curso legal (exige apenas a capacidade de processamento e energia que a aplicação móvel necessita para operar)[148]. A vantagem económica não implica a perda parcial ou total da sua substância. O mesmo parece suceder com a maioria das Dapps.

5.5. *Airdrop*

Neste caso, conforme exposto *supra* a propósito da categoria B, em teoria, a vantagem económica não implica a perda parcial ou total da

[148] Pereira Coelho, Diogo, *Newsletter – Novo regime de tributação...*, op. cit. nota 16, p. 13.

sua substância, pelo estamos simplesmente perante uma aplicação financeira de criptoativos que gera um rendimento passivo (esporádico, irregular, fortuito e casual) possivelmente enquadrável em categoria E. Como tal, não é claro se, segundo o novo enquadramento fiscal, este tipo de rendimento deve ser enquadrado no âmbito da categoria E relativa às remunerações passivas decorrente de operações relativas a criptoativos (o que, talvez, não parece fazer muito sentido), ou apenas no âmbito da categoria G, após a alienação onerosa dos ganhos[149].

5.6. NFT *dividend*

Existem NFT que constituem o seu titular em situações jurídicas atípicas e diferenciadas. É possível camuflar situações jurídicas complexas de cariz financeiro em tudo idênticas aos tradicionais valores mobiliários (e imobiliários, em jeito de REITs) através da capa de NFT, designadamente através de F-NFTs cujas caraterísticas funcionais apresentam algumas semelhanças com as *equity tokens*[150]. Eventualmente,

[149] Pereira Coelho, Diogo, *Newsletter – Tributação de Criptoativos...*, op. cit. nota 16, pp. 3-4.

[150] Pereira Coelho, Diogo, *Newsletter – Tributação de Criptoativos...*, op. cit. nota 16, p. 14.

este tipo de F-NFT pode gerar um rendimento passivo diário, semanal ou mensal[151].

A este propósito, existe um caso-exemplo digno de menção. Recentemente, uma fração dos direitos de *streaming* da música «Bitch better have my money» da Rihanna foi tokenizada para uma representação digital única e não fungível de direitos[152]. O NFT foi criado pela startup de Web 3.0 Anotherblock com recurso à *blockchain* da Ethereum e listado para distribuição/ venda em F-NFTs através da plataforma de negociação OpenSea, em mercado primário. Cada F-NFT foi inicialmente vendido em INO (*initial NFT offering* – INO) por 210,00 $ e conferiu ao titular 0,0033% dos apelidados «*royalties* de *streaming*» gerados pela música. Cada F-NFT iria atuar como um certificado digital da titularidade. Sempre que a música fosse transmitida, o recurso a este tipo de tecnologia permitiria a realização automática e transparente de pagamentos dos ditos «*royalties*» aos respetivos titulares. Acresce que, posteriormente, seriam transacionáveis em mercado secundário pelos titulares (em jeito de F-NFT *trading*), em princípio, com vista à obtenção do lucro proveniente da mais-valia realizada (nesta fase, o

[151] Pereira Coelho, Diogo, «NFTs na indústria da música..., cit. op. nota 63.

[152] *Ibidem*.

valor iria variar em função da oferta/ procura)[153]. Sucede que os F-NFTs de direitos de *streaming* da música da Rihanna rapidamente esgotaram e a INO gerou cerca de 63.000,00 $ em receita. Apenas passados dois dias após o lançamento, a OpenSea bloqueou as negociações, alegadamente devido às restrições de negociação da plataforma no que respeita a NFTs que prometem propriedade fracionada e lucros futuros[154]. Entretanto, pelo menos à data em que o presente livro foi redigido, estes F-NFTs continuavam bloqueados e não surgiram mais notícias sobre o assunto.

Neste sentido, questiona-se o enquadramento fiscal deste tipo de rendimento passivo, ou seja, se «*royalties* de *streaming*» podem ser enquaradas enquanto uma remuneração passiva decorrente de operações relativas a criptoativos. Em regra, qualquer fruto proveniente de uma situação jurídica privada e patrimonial, independentemente da forma ou da qualificação jurídica do tipo estrutural do negócio subjacente, pode ser considerado um facto gerador de rendimento de capitais, desde que não prejudique a substância da fonte, nem seja passível de ser tributado noutras categorias. Como tal, quaisquer

[153] PEREIRA COELHO, DIOGO, «NFTs na indústria da música..., cit. op. nota 63.

[154] *IBIDEM.*

frutos que sejam gerados por «*royalties* de *streaming*» (sem estarem associados ao exercício de qualquer atividade empresarial ou profissional) em jeito de dividendos e cumpram estes requisitos, podem, em teoria, ser tributados no âmbito da categoria E (no momento da alienação onerosa).

5.7. NFT *staking/ rewards*

Em geral, NFTs podem ser aplicados (depositados) em determinada rede, com vista a obter via *smart contracts* diária, semanal ou mensalmente, recompensas em porcentagens de criptoativos (muitas vezes as próprias *utility tokens* dessa plataforma que, por sua vez, são convertíveis noutros tipos de criptoativos ou transacionáveis em mercado secundário)[155].

Também neste caso, não parece razoável enquadrar este tipo de remuneração passiva decorrente de operações relativas a criptoativos no âmbito da categoria B ou G, uma vez que estamos perante um rendimento passivo que não prejudica a substância da fonte e, em teoria, é passível de ser enquadrado no âmbito da categoria E[156].

155 Pereira Coelho, Diogo, *Newsletter – Novo regime de tributação...*, op. cit. nota 16, p. 14.

156 Pereira Coelho, Diogo, *Newsletter – Novo regime de tributação...*, op. cit. nota 16, p. 15.

5.8. *Lending*

Esta operação consiste num empréstimo em criptoativos (depositados em determinada rede para o efeito), remunerado via *smart contracts* diária, semanal ou mensalmente através de determinada porcentagem também em criptoativos (por norma, do mesmo género do criptoativo emprestado que, por sua vez, é convertível noutros tipos de criptoativos ou transacionável em mercado secundário) e possivelmente enquadrável em categoria E, pois a vantagem económica não implica a perda parcial ou total da sua substância[157].

5.9. *Yield farming & liquidity mining*

De forma abstrata, em ambos os casos estamos perante um depósito bloqueado de criptoativos em determinado «*pool*» (em jeito de fundo de investimento), em conjunto com outros utilizadores, com vista a obter via *smart contracts* recompensas ou juros em porcentagens de criptoativos de determinado projeto.

Como tal, importa igualmente uma aplicação financeira inicial. Porém, em princípio, não

[157] Pereira Coelho, Diogo, *Newsletter – Novo regime de tributação...*, op. cit. nota 16, p. 15.

requerem o exercício de qualquer atividade empresarial ou profissional por parte do titular dos criptoativos investidos, pelo que tudo indica que estamos perante rendimentos passivos. Até porque a vantagem económica não implica a perda parcial ou total da sua substância[158].

5.10. *Crypto savings accounts*

As *cryptos savings accounts* (como, por exemplo, a Binance Simple Earn) consistem no depósito fléxivel ou bloqueado de criptoativos constantes da carteira de investimentos, com vista a obter via *smart contracts* recompensas ou juros em porcentagens de criptoativos.

Este serviço é oferecido pela maioria das plataformas de negociação como alternativa ao *holding* tradicional (e funciona como uma espécie de conta poupança). A vantagem económica não implica a perda parcial ou total da sua substância[159].

6. Considerações finais

Existem outros tipos de operações relativas a criptoativos das quais, eventualmente (e depen-

[158] Pereira Coelho, Diogo, *Newsletter – Novo regime de tributação...*, op. cit. nota 16, p. 15.

[159] *Ibidem.*

dendo da perspetiva e interpretação) resultam outros tipos de remunerações passivas. Entre outros tantas possíveis, foram brevemente analisadas aquelas que parecem ser as operações prinicipais e, também, as vulgarmente conhecidas.

Conclusões

Em termos globais, tudo indica que passamos de uma proposta de Orçamento do Estado para 2023 altamente abrangente e que, eventualmente, podia vir a gerar irreparáveis disfunções e distorções no sistema económico-financeiro, para uma proposta altamente competitiva que parece apresentar as condições necessárias para manter Portugal na lista de países considerados crypto-friendly[160].

Não obstante, fica patente que o legislador e as próprias autoridades de regulação e supervisão (tanto nacionais, como europeias ou, mesmo, as internancionais) parecem continuar a não conseguir assegurar uma clara distinção entre as diversas classificações e subclassificações de criptoativos, tanto em termos legais, como fiscais.

160 Pereira Coelho, Diogo, *Newsletter – Novo regime de tributação...*, op. cit. nota 16, p. 15.

Verifica-se, assim, um considerável aumento da importância da cada vez mais complexa e morosa análise casuística, tanto na aferição da atividade em causa, como na aferição da *taxonomy* do criptoativo ou do respetivo enquadramento regulatório e fiscal.

Como se não bastasse, existem cada vez mais situações a ter em conta (não desenvolvidas no presente livro), entre as quais se encontra a problemática relativa ao IVA, a sujeição de transmissões gratuitas de criptoativos ao imposto de selo (10%), as incertezas relativamente à tributação internacional (estado da fonte do rendimento ou da residência do sujeito passivo), as mais-valias decorrentes de permuta de criptoativos por imóvel, a tribuitação de DAOs[161], entre muitas outras situações relevantes[162].

Aliás, considera-se que o elevado número de situações a ter em conta viola gravemente o princípio da proporcionalidade. Não estando os

[161] No âmbito da União Europeia, para já, não existe qualquer enquadramento legal harmonizado e adequado para *decentralized autonomous organizations* – DAOs. Consequentemente, em Portugal, para já, também não existe qualquer regime jurídico específico e adequado para DAOs. A este proósito, vide Pereira Coelho, Diogo, «Decentralized Autonomous Organizations (DAO): current situation», in *Medium*, 2023, acessível em: https://medium.com/@diogompereiracoelho/decentralized-autonomous-organizations-dao-current-situation-e82a50720f48.

[162] Pereira Coelho, Diogo, *Newsletter – Novo regime de tributação...*, op. cit. nota 16, p. 16.

intermediários internacionalmente obrigados a contribuir para o cumprimentio das obrigações fiscais dos titulares dos *digital assets*, até que ponto é possível exigir aos contribuintes que tenham a mínima noção de todas as obrigações fiscais aqui discutidas? Mais, face ao elevado índice de volatilidade a que o mercado de criptoativos se encontra sujeito, até que ponto é possível exigir ao contribuinte que mantenha um registo atual, preciso e completo da alteração de preço do «rendimento» virtual para efeito de contabilização fiscal, independentemente do tipo de ativo ou de atividade em causa ou da categoria fiscal aplicável?

A necessidade de criação de um novo regime, adaptado às especificidades técnicas destas novas tecnologias, mas sem esquecer os regimes legais das diversas áreas de Direito implicadas (sob pena de gerar disfunções e disturções no sistema económico-financeiro), é notória. O legislador português, a quem cabe acompanhar o ritmo de progresso tecnológico, tem sido tímido na emissão de regulação adequada, possivelmente desconcertado por não entender bem qual o seu papel.

Enquanto em Portugal o legislador procura enquadrar novos modelos de negócio através de remendos em leis retrógradas, a nível internacional são, já, discutidos os atuais e eventuais (mas previsíveis) futuros problemas associados ao enquadramento fiscal dos atos praticados no metaverso (como, por exemplo, a tokenização de coisas e pessoas, a prestação de serviços, as transmissões onerosas e gratuitas de propriedades virtuais móveis e imóveis, etc).

Índice bibliográfico

AUTORIDADE TRIBUTÁRIA E ADUANEIRA, Informação Vinculativa, processo n.º 12904, de 15.02.18, acessível em: http://www.taxfile.pt/file_bank/news1218_15_1.pdf.

AUTORIDADE TRIBUTÁRIA E ADUANEIRA, Informação Vinculativa, processo n.º 14436, de 03.07.19, acessível em: https://www.audico.pt/wp-content/uploads/2019/08/57_INFORMACAO_14436.pdf.

AUTORIDADE TRIBUTÁRIA E ADUANEIRA, Informação Vinculativa, processo n.º 14763, de 28.01.19, acessível em: http://www.taxfile.pt/file_bank/news0719_27_1.pdf.

AUTORIDADE TRIBUTÁRIA E ADUANEIRA, Informação Vinculativa, processo n.º 5717/2015, 27.12.16, acessível em: https://info.portaldasfinancas.gov.pt/pt/informacao_fiscal/informacoes_vinculativas/rendimento/cirs/Documents/PIV_09541.pdf.

BINANCE, «How to Download Spot Trading Transaction History Statement», in FAQs, acessível em:

https://www.binance.com/en/support/faq/how-to-download-spot-trading-transaction-history-statement-e4ff64f2533f4d23a0b3f8f17f510eab.

BINANCE, «How to Get the Most Out of Your Crypto With Auto-Staking on Binance», in *Binance Blog*, acessível em: https://www.binance.com/en/blog/earn/how-to-get-the-most-out-of-your-crypto-with-autostaking-on-binance-1246765608775731l5.

CATARINO, LUÍS GUILHERME, «Inovação financeira e ICOs: mercados privados alternativos?», in *Publicações CEDIPRE Online* – 36, 2019, acessível em: https://www.fd.uc.pt/cedipre/wp-content/uploads/pdfs/co/public_36.pdf.

COINBASE, «What is staking?», in *Learn – Crypto Basics*, acessível em: https://www.coinbase.com/pt-PT/learn/crypto-basics/what-is-staking.

COINMARKETCAP, «GOVERNANCE TOKEN», in *Alexandria*, Glossary, acessível em: https://coinmarketcap.com/alexandria/glossary/governance-token.

COINTELEGRAPH, «A beginner's guide to buying virtual real estate in Decentraland (MANA)», in *Guide Menu*, acessível em: https://cointelegraph.com/learn/a-beginners-guide-to-buying-virtual-real-estate-in-decentraland-mana.

COMISSÃO EUROPEIA, COMMISSION STAFF WORKING DOCUMENT IMPACT ASSESSMENT REPORT, Initiative to strengthen existing rules and expand the exchange of information framework in the field of taxation so as to include crypto-assets Accompanying the document Proposal for a Council Directive amending Directive 2011/16/EU on administrative cooperation in the field of taxation, SWD/2022/401 final, acessível em: https://eur-lex.europa.eu/legal-content/EN/TXT/?uri=CELEX%3A52022SC0401&qid=1670936134550.

Comissão Europeia, Proposta de Regulamento do Parlamento Europeu e do Conselho relativo aos mercados de criptoativos e que altera a Diretiva (UE) 2019/1937, 24.09.20, acessível em: https://eur-lex.europa.eu/legal-content/EN/TXT/?uri=CELEX%3A52020PC0593.

Comissão Europeia, Questions and Answers: DAC8, Press corner, 08.12.2023, acessível em: https://ec.europa.eu/commission/presscorner/detail/en/QANDA_22_7517.

Comissão do Mercado de Valores Mobiliários, «Perguntas e respostas sobre criptoativos destinadas às entidades», in Area do investidor, acessível em: https://www.cmvm.pt/pt/AreadoInvestidor/Faq/Pages/FAQs-Criptoativos_industria.aspx.

Comissão dos Assuntos Económicos e Monetários (ECON), Report on the proposal for a regulation of the European Parliament and of the Council on markets in crypto-assets and amending Directive (EU) 2019/1937, 17.03.22, acessível em: https://www.europarl.europa.eu/doceo/document/A-9-2022-0052_EN.html.

Comissão dos Assuntos Económicos e Monetários (ECON), Amendments 001-001, Report, Stefan Berger A9-0052/2022, Markets in Crypto-assets (MiCa), Proposal for a regulation, COM(2020)0593 – C9-0306/2020 – 2020/0265(COD), 12.04.22, acessível em: https://www.europarl.europa.eu/doceo/document/A-9-2022-0052-AM-001-001_EN.pdf.

Comissão dos Assuntos Económicos e Monetários (ECON), Alterações 2, Irene Tinagli, Relatório, Stefan Berger A9-0052/2022, Mercados de criptoativos (MiCA), Proposta de regulamento, COM (2020)0593 – C9-0306/2020 – 2020/0265(COD), 12.04.22, acessível em: https://www.europarl.europa.eu/doceo/document/A-9-2022-0052-AM-001-001_EN.pdf.

Conselho da União Europeia, Information note, Proposal for a Regulation of the European Parliament and of the Council on Markets in Crypto-assets, and amending Directive (EU) 2019/1937 (MiCA) – Letter to the Chair of the European Parliament Committee on Economic and Monetary Affairs, Interinstitutional File: 2020/0265 (COD), 05.10.22, acessível em: https://data.consilium.europa.eu/doc/document/ST-13198-2022-INIT/en/pdf.

Conti, Robyn, & Schmidt, John, «What You Need To Know About Non-Fungible Tokens (NFTs)», in *Forbes Advisor*, 2021, acessível em: https://www.forbes.com/advisor/investing/nft-non-fungible-token/.

Costa Ramos, Vânia, & Pereira Coelho, Diogo, *Breves Observações Relativas ao Imposto Sobre o Rendimento Proveniente de Criptoativos em Portugal*, Newsletter – Carlos Pinto de Abreu e Associados – Sociedade de Advogados, SP, RL, 2021, acessível em: https://carlospintodeabreu.com/wp-content/uploads/2021/06/IRSCripto_VCR_DPC_V08.06.2021.pdf.

COUTINHO DE ABREU, JORGE MANUEL, in *Curso de Direito Comercial, Das Sociedades II*, 4.ª Ed., Almedina, 2011.

DUFLOTH, RODRIGO, «Novas tecnologias e o futuro do profissional do Direito», in *Mgalhas*, 2017, acessível em: https://pt.linkedin.com/pulse/novas-tecnologias-e-o-futuro-do-profissional-direito-rodrigo-dufloth.

ENGRÁCIA ANTUNES, JOSÉ, «As Criptomoedas», in *Revista da Ordem dos Advogados (ROA)*, Lisboa, A. 81, Jan./Jun. 2021, acessível em: https://portal.oa.pt/media/133308/jose-engracia-antunes.pdf.

ENGRÁCIA ANTUNES, JOSÉ , in *Direito das Sociedades*, 5.º Ed., Porto, 2015.

ETHEREUM, *Non-fungible tokens (NFT)*, acessível em: https://ethereum.org/en/nft/.

FORD, MARTIN, *Robôs – a ameaça de um futuro sem emprego (Rise of the Robots)*, tradução de JOÉ VALE ROBERTO & JOÃO QUINA EDIÇÕES, Bertrand Editora, 1.ª Edição, 2016.

GARCIA ROLO, ANTÓNIO, «A proposta de Regulamento europeu sobre mercados de criptoativos: breve sumário e análise», in *Revista de Direito das Sociedades (RDS)*, Fevereiro 2021, acessível em: http://www.revistadedireitodassociedades.pt/files/RDS%202021-02%20(285-300)%20-%20Breves%20coment%C3%A1rios%20-%20Ant%C3%B3nio%20Garcia%20Rolo%20-%20A%20proposta%20de%20Regulamento%20europeu%20sobre%20mercados%20de%20criptoativos%3A%20breve%20sum%C3%A1rio%20e%20an%C3%A1lise.pdf.

GARCIA ROLO, ANTÓNIO, «As Criptomoedas como Meio de Financiamento e a Qualificação dos Tokens», in

Menezes Cordeiro, António, Perestrelo de Oliveira, Ana, & Pereira Duarte, Diogo, *Fintech II – Novos Estudos sobre Tecnologia Financeira*, CIDP, Almedina, 2019.

Garcia Rolo, António, «Criptoativo – conceito, modalidades, regime e distinção de figuras afins», in *CIDP Research Paper Series*, CIDP, N.º 18, July 2022, acessível em: https://papers.ssrn.com/sol3/papers.cfm?abstract_id=4123583.

Governo português, Proposta de Lei n.º 38/XV/1, Orçamento do Estado para 2023, 10.10.22, acessível em: https://app.parlamento.pt/OE2023/corpo.html.

Henderson, Andrew, Burnie, James, & Thornborough, Jack, «Issuing Equity Tokens on the Blockchain – Legal reimagining», in *Eversheds Sutherland Occasional Paper*, BIR_LIT\6594835\1, 2019, acessível em: https://wiki.hyperledger.org/download/attachments/16323300/equity-blockchain-2030.pdf?version=1&modificationDate=1567767512000&api=v2.

Kore Partners, *Q&A on the Portuguese new crypto-assets tax regime for 2023*, Insights, 2022, acessível em: https://www.korepartners.com/insights/https/faq-on-the-portuguese-new-crypto-assets-tax-regime-for-2023.

Maia, Guilherme, & Vieira dos Santos, João, «MiCA and DeFi ("Proposal for a Regulation on Market in Crypto-assets" and "Decentralised Finance")», in *Revista Electrónica de Direito*, N.º 2 (Vol.28), Junho 2022, acessível em: https://cij.up.pt/client/files/0000000001/4-guilherme-maia_1922.pdf.

McKinlay, John, Pithouse, Duncan, McGonagle, John & Sanders, Jessica, «Blockchain: background, challenges and legal issues», in *DLA Piper Publications*, 2018, acessível em: https://www.dlapiper.com/pt/portugal/insights/publications/2017/06/blockchain-background-challenges-legal-issues/.

Mendes Correia, Francisco, «A tecnologia descentralizada de registo de dados (blockchain) no sector financeiro», in Menezes Cordeiro, António, Perestrelo de Oliveira, Ana, & Pereira Duarte, Diogo, *FinTech – Desafios da Tecnologia Financeira*, CIDP, Almedina, 1.ª Edição, 2018.

Morais, Rui Duarte, *Sobre o IRS*, Almedina, 3.º Edição, 2016, pp. 95-96.

Observatório e Fórum da UE para a Tecnologia de Cadeia de Blocos, NFT – Legal Token Classification, Research papers, 2021, acessível em: https://www.eublockchainforum.eu/knowledge.

Oliveira Ascenção, José de, «As Acções», in *Direito dos Valores Mobiliários II*, Coimbra Editora, 2000.

Oliveira Ascensão, José de, «Protecção jurídica dos programas de computador», in *Revista da Ordem dos Advogados (ROA)*, Lisboa, Abril 1990, acessível em: https://portal.oa.pt/upl/%7B639e8fc8-d372-43d0-8a42-c429d91445f8%7D.pdf.

Organização para a Cooperação e Desenvolvimento Económico, Crypto-Asset Reporting Framework and Amendments to the Common Reporting Standard, 10.10.22, acessível em: https://www.oecd.org/tax/exchange-of-tax-information/crypto-assetreporting-framework-and-amendments-to-the-common-reporting-standard.htm.

PARLAMENTO EUROPEU, Markets in crypto-assets (MiCA), Think Thank, European Parliamentary Research Service, 12.04.2023, acessível em: https://www.europarl.europa.eu/thinktank/pt/document/EPRS_ATA(2023)745716.

PARLAMENTO EUROPEU, Tax transparency rules for crypto-asset transactions (DAC8), Think Thank, European Parliamentary Research Service, 27.01.2023, acessível em: https://www.europarl.europa.eu/think tank/en/document/EPRS_BRI(2023)739310.

PARTIDO SOCIALISTA, Proposta de Lei n.º 38/XV/1.ª, Aprova o Orçamento do Estado para 2023, Proposta de Alteração, 11.11.22, acessível em: https://app.parlamento.pt/webutils/docs/doc.pdf?Path=6148523063484d364c793942556b356c6443397a6158526c63793959566b7846527939505253387944d44497a4d6a41794d6a45774d54417655545765a444e6c4e6d4d354d6d49744f444e6d595330305964593304c546b7a4d4451744e6d51324d5441334e6a6468596d45784c6e426b5a673d3d&Fich=d3e6c92b-83fa-4bf4-9304-6d610767aba1.pdf&Inline=true.

PEREIRA COELHO, DIOGO, «Alteração da proposta de OE para 2023 em sede de tributação de criptoativos (IRS): algumas notas», in *Jornal Económico*, 2022, https://jornaleconomico.pt/noticias/alteracao-da-proposta-de-oe-para-2023-em-sede-de-tributacao-de-criptoativos-irs-algumas-notas-968797.

PEREIRA COELHO, DIOGO, «Decentralized Autonomous Organizations (DAO): ponto de situação», in *Dinheiro*

Vivo, 2023, acessível em: https://www.dinheirovivo.pt/opiniao/organizacoes-autonomas-descentralizadas-dao-ponto-de-situacao-16098397.html.

Pereira Coelho, Diogo, *Direito das Finanças Societárias – Dos Criptoativos enquanto Instrumentos Financeiros Digitais*, Trabalho de Avaliação Final, VI Curso de Pós-Graduação em Corporate Finance, CIDP, FDUL, 2021, disponível para consulta no SSRN desde 2022 via: https://papers.ssrn.com/sol3/papers.cfm?abstract_id=4083339.

Pereira Coelho, Diogo, «Metaverse: devem os reguladores estar mais atentos do que nunca?», in *Observador*, 2021, acessível em: https://observador.pt/opiniao/metaverse-devem-os-reguladores-estar-mais-atentos-do-que-nunca/

Pereira Coelho, Diogo, *Newsletter – Novo regime de tributação de criptoativos em sede de IRS para 2023 em Portugal*, SSRN, 2022, acessível em: https://papers.ssrn.com/sol3/papers.cfm?abstract_id=4303204.

Pereira Coelho, Diogo, *Newsletter – Tributação de Criptoativos em sede de IRS: o novo regime proposto para 2023 (Portugal)*, SSRN, 2022, acessível em: https://papers.ssrn.com/sol3/papers.cfm?abstract_id=4255253.

Pereira Coelho, Diogo, «NFTs na indústria da música», in *Observador*, 2023, acessível em: https://observador.pt/opiniao/nfts-na-industria-da-musica/.

Pereira Coelho, Diogo, «Proposta de OE de 2023: a tributação de criptoativos em sede de IRS», in *Jornal Económico*, 2022, acessível em: https://jornaleconomico.pt/noticias/proposta-de-oe-de-

2023-a-tributacao-de-criptoativos-em-sede-de-irs-958366.

PEREIRA COELHO, DIOGO, *Responsabilidade civil dos administradores não-executivos e blockchain*, Dissertação de Mestrado, FDUL, 2021, acessível em: https://repositorio.ul.pt/handle/10451/48056.

PEREIRA COELHO, DIOGO, «Uma nova era ou o princípio da derrocada?», in *Jornal Económico*, 2021, acessível em: https://jornaleconomico.pt/noticias/uma-nova-era-ou-o-principio-da-derrocada-751965.

PRICEWATERHOUSECOOPERS, *PwC Global Crypto Regulation Report 2023 – Towards global regulatory clarity*, December 2022, acessível em: https://www.pwc.com/gx/en/about/new-ventures/global-crypto-regulation-report-2023.html.

RUDE JENSEN, JOHANNES, *How Decentralized is the Governance of Blockchain-based Finance: Empirical Evidence from four Governance Token Distributions*, ResearchGate, 2021, acessível em: https://www.researchgate.net/publication/349492121_How_Decentralized_is_the_Governance_of_Blockchain-based_Finance_Empirical_Evidence_from_four_Governance_Token_Distributions.

RODRIGUEZ, JESUS, «Security Token 2.0 Protocols: Debt Tokens», *Hackernoon*, 2018, acessível em: https://hackernoon.com/security-token-2-0-protocols-debt-tokens-af17d5c91a25.

SALDANHA SANCHES, JOSÉ LUÍS, «Conceito de rendimento do IRS», in *Fiscalidade*, n.º 7/8, 2001.

SALDANHA SANCHES, JOSÉ LUÍS, *Manual de Direito Fiscal*, Coimbra Editora, 3.ª Edição, 2007.

Saldanha Sanches, José Luís, «Sobre o conceito de mais-valias», in *Fisco*, n.º 38/39 (Benefícios fiscais e incentivos ao investimento das empresas), Edifisco – Sociedade de Informação Fiscal, Lda, Jan/ Fev 1992, acessível em: https://www.cideeff.pt/xms/files/Arquivo/2022/Artigos_APD/G-Fisco-38-39-1992.pdf.

Schrepel, Thibault, «Collusion by blockchain and smart contracts», in *Harvard Journal of Law and Technology (33 Harv. J.L. & Tech. 117)*, 2019, acessível em: https://papers.ssrn.com/sol3/papers.cfm?abstract_id=3315182.

Silva Dias, António, *Financiamento de Sociedades por Emissão de Obrigações*, Quid Juris, 2002.

Silva Ramalho, David, «Branqueamento e Bitcoin: uma introdução», in *Revista do Ministério Público*, n.º 162, Abril – Junho 2020, acessível em: https://rmp.smmp.pt/wp-content/uploads/2020/08/4.RMP_162_DavidRamalho_NunoMatos_3PAG.pdf.

Teixeira Ribeiro, José Joaquim, *Lições de Finanças Públicas*, Coimbra Editora, 5.º Edição, 1997.

Teixeira Ribeiro, José Joaquim, «Reforma dos anos sessenta», in *A Reforma Fiscal*, Coimbra Editora, 1989.

Vieira dos Santos, João, «Challenges in Imposing Requirements on Offerors of Crypto-assets», in Moura Vicente, Dário, Pereira Duarte, Diogo, & Granadeiro, Catarina, *Fintech Regulation and the Licensing Principle*, European Banking Institute, CIDP, 2023, acessível em: https://ebi-europa.eu/wp-content/uploads/2023/02/eBook-22Fintech-Regulation-Licensing-Principle-2-2023.pdf.

VIEIRA DOS SANTOS, JOÃO, «Regulação dos criptoativos», in *Caderno do Mercado de Valores Mobiliários*, N.º 64, 2019, acessível em: https://www.cmvm.pt/pt/EstatisticasEstudosEPublicacoes/CadernosDoMercadoDeValoresMobiliarios/Pages/Cadernos-do-mercado-de-valores-mobiliarios.aspx?pg.

VIEIRA DOS SANTOS, JOÃO, *Regulação de Formas de Financiamento Empresarial FinTech – Em especial o Crowdfunding e as Initial Coin Offering*, Instituto do Conhecimento, N.º 8, Almedina, Abreu Advogados, 2022.

VILAÇA PACHECO, ANTÓNIO, in *Bitcoin*, Editora Self, 1.ª Edição, 2018.

Índice de jurisprudência

I. **União Europeia**

Acórdão do Tribunal de Justiça da União Europeia, processo C-264/14, 22.10.15, acessível em: https://eur-lex.europa.eu/legal-content/PT/ALL/?uri=CELEX%3A62014CJ0264.

II. **Portugal**

Acórdão do Supremo Tribunal Administrativo (Ana Paula Lobo), processo n.º 01622/15, de 11.01.2017, acessível em: http://www.dgsi.pt/jsta.nsf/35fbbbf22e1bb1e680256f8e003ea931/c29b1e8e475afd25802580a70053c268?OpenDocument&ExpandSection=1.

Acórdão do Supremo Tribunal Administrativo (Casimiro Gonçalves), processo n.º 01011/11, 05.01.12, acessível em: http://www.dgsi.pt/jsta.nsf/35fbbbf22e1bb1e680256f8e003ea931/ac5ea1227d1aef4d8025798b004620a2?OpenDocument&ExpandSection=1.

Acórdão do Supremo Tribunal Administrativo (Pedro Vergueiro), processo n.º 01123/15.7BEPRT 0504/18, de 10.03.21, acessível em: http://www.dgsi.pt/jsta.nsf/35fbbbf22e1bb1e680256f8e003ea931/c317a72964630932802586970035459b?OpenDocument&ExpandSection=1.

Acórdão do Tribunal Central Administrativo Sul (Joaquim Condesso), processo n.º 09188/15, de 13.10.16, acessível em: http://www.dgsi.pt/jtca.nsf/-/792DB0A177189AE88025804C0053068C.

Acórdão do Tribunal Central Administrativo Sul (Joaquim Condesso), processo n.º 237/05.6BEALM, de 30.11.17, acessível em: http://www.dgsi.pt/jtca.nsf/-/F322FE8364FA8722802581EC004C605A.

Acórdão do Tribunal Central Administrativo Sul (Jorge Cortês), processo n.º 264/13.0BEALM, de 18.14.18, acessível em: http://www.dgsi.pt/jtca.nsf/-/11E51EA7DF426CCD802582810054E22F.

Índice normativo

I. União Europeia

Regulamento (UE) 2022/858 do Parlamento Europeu e do Conselho de 30 de maio de 2022 relativo a um regime-piloto para as infraestruturas de mercado baseadas na tecnologia de registo distribuído e que altera os Regulamentos (UE) n.o 600/2014 e (UE) n.o 909/2014 e a Diretiva 2014/65/EU, acessível em: https://eur-lex.europa.eu/eli/reg/2022/858/oj.

Diretiva 2006/112/CE do Conselho, de 28 de novembro de 2006, relativa ao sistema comum do imposto sobre o valor acrescentado, acessível em: https://eur-lex.europa.eu/legal-content/EN/TXT/HTML/?uri=CELEX:32006L0112&from=PT.

Directiva 2011/16/UE do Conselho, de 15 de Fevereiro de 2011, relativa à cooperação administrativa no domínio da fiscalidade e que revoga a Directiva 77/799/CEE, acessível em: https://eur-lex.europa.eu/legal-content/en/ALL/?uri=CELEX%3A32011L0016.

II. Portugal

Constituição da República Portuguesa (Decreto de 10 de Abril de 1976, que aprova a Constituição da República Portuguesa, acessível em: https://www.pgdlisboa.pt/leis/lei_mostra_articulado.php?nid=4&tabela=leis).

Lei n.º 24-D/2022, de 30/12, que aprova o Orçamento do Estado para 2023, com o diploma completo, acessível em: https://info.portaldasfinancas.gov.pt/pt/informacao_fiscal/legislacao/diplomas_legislativos/Documents/Lei_24_D_2022.pdf.

Lei Geral Tributária (Decreto-Lei n.º 398/98, de 17 de Dezembro, que aprova a lei geral tributária que enuncia e define os princípios gerais que regem o direito fiscal português e os poderes da administração tributária e garantias dos contribuintes, acessível em: https://www.pgdlisboa.pt/leis/lei_mostra_articulado.php?nid=253&tabela=leis).

Código Civil (Decreto-Lei n.º 47344/66, de 25 de Novembro, aprova o Código Civil e regula a sua aplicação, acessível em: https://www.pgdlisboa.pt/leis/lei_mostra_articulado.php?nid=775&tabela=leis).

Código do Imposto sobre o Rendimento das Pessoas Singulares (Decreto-Lei n.º 442-A/88, de 30 de Novembro, que aprova o Código do Imposto sobre o Rendimento das Pessoas Singulares, no uso da autorização legislativa concedida pela Lei n.º 106/88, de 17 de Setembro e nos termos das alíneas a) e b) do número 1 do artigo 201.º da Constituição da República Portuguesa, acessível em: https://info.portaldasfinancas.gov.pt/pt/informacao_fiscal/codigos_

tributarios/cirs_rep/Pages/codigo-do-irs-indice.aspx).

Código do Imposto sobre o Valor Acrescentado (Decreto-Lei n.º 102/2008, de 20 de junho, que no uso da autorização legislativa concedida pelo artigo 91.º da Lei n.º 67-A/2007, de 31 de Dezembro, altera e republica o Código do Imposto sobre o Valor Acrescentado, aprovado pelo Decreto-Lei n.º 394-B/84, de 26 de Dezembro, e o Regime do IVA nas Transacções Intracomunitárias, aprovado pelo Decreto-Lei n.º 290/92, de 28 de Dezembro, acessível em: https://info.portaldasfinancas.gov.pt/pt/informacao_fiscal/codigos_tributarios/civa_rep/Pages/codigo-do-iva-indice.aspx).

Código de Procedimento e de Processo Tributário (Decreto-Lei n.º 433/99, de 26 de Outubro, que aprova o Código de Procedimento e de Processo Tributário, acessível em: https://www.pgdlisboa.pt/leis/lei_mostra_articulado.php?nid=256&tabela=leis).

Código de Valores Mobiliários (Decreto-Lei n.º 486/99, de 13 de Novembro, que aprova o Código de Valores Mobiliários, acessível em: https://www.pgdlisboa.pt/leis/lei_mostra_articulado.php?nid=450&tabela=leis).

Índice de webgrafia

Notícia «How Portugal became Europe's accidental 'bitcoin heaven'», publicada pelo site de notícias Euractiv em 09.05.22 e acessível em: https://www.euractiv.com/section/economy-jobs/news/how-portugal-became-europes-accidental-bitcoin-heaven/.

Notícia «OE 2022. Tributação de criptoativos não obteve 'luz verde' do Parlamento», publicada pelo Jornal i em 27.05.22 e acessível em: https://ionline.sapo.pt/artigo/772296/oe-2022-tributacao-de-criptoativos-nao-obteve-luz-verde-do-parlamento-?seccao=Portugal_i.

Notícia «OE 2023: Aprovadas propostas do PS sobre regime de tributação de criptoativos», publicada pelo Jornal de Negócios em 23.11.22 e acessível em: https://www.jornaldenegocios.pt/mercados/criptoativos/detalhe/oe-2023-aprovadas-propostas-do-ps-sobre-regime-de-tributacao-de-criptoativos.

Notícia «Parlamento volta a mexer no regime de tributação de criptoativos. O que muda?», publicada pelo Jornal ECO em 23.11.22 e acessível em: https://eco.sapo.pt/2022/11/23/parlamento-mexe-no-regime-de-tributacao-de-criptoativos-o-que-muda/.

Notícia «The 'Bitcoin Family' emigrates to Portugal for its 0% tax on cryptocurrencies», publicada pela CNBC em 06.02.22 e acessível em: https://www.cnbc.com/2022/02/06/bitcoin-family-moves-to-portugal-crypto-tax-haven.html.

Notícia «Virtual real estate plot sells for record $2.4 million», publicada pela Reuters em 23.11.21, acessível em: https://www.reuters.com/markets/currencies/virtual-real-estate-plot-sells-record-24-million-2021-11-23/.

Notícia «Why metaverse real estate is selling for millions», publicada pela Euronews em 09.11.22, acessível em: https://www.euronews.com/next/2022/11/09/why-metaverse-real-estate-is-selling-for-millions.

Página de internet da Decentraland, acessível em: https://decentraland.org/.